금융의 최전선

금융의 최전선

초판 1쇄 인쇄 2025년 2월 25일
초판 1쇄 발행 2025년 3월 5일

지은이 권선무

편집 정은아 **디자인** 박은진
마케팅 임동건 신현아 **경영지원** 이지원
출판총괄 송준기 **펴낸곳** 파지트 **펴낸이** 최익성

출판등록 제2021-000049호
주소 경기도 화성시 동탄원천로 354-28 **전화** 070-7672-1001
이메일 pazit.book@gmail.com **인스타** @pazit.book

THE STORY FILLS YOU
책으로 펴내고 싶은 이야기가 있다면, 원고를 메일로 보내주세요.
파지트는 당신의 이야기를 기다리고 있습니다.

금융의 최전선

블록체인과 AI, 금융의 융합 :
미래 금융의 새로운 패러다임

권선무 지음

pazit

이 책은 방일영 문화재단의 지원을 받아 저술·출판되었습니다.

추천사

'직'보다 '업'에 충실했던 저자가 KT에서 금융업을 일으켜 온 2015년부터의 과정을 지켜봐 왔다. 케이뱅크에서 제도 설계와 인가는 물론 업비트와의 협업 등 모든 비즈니스를 만들어 낸 데 이어, 블록체인 관련 신기술 6종에 대한 특허 등으로 비씨카드의 신사업을 개척해 온 여정이 이 책에 오롯이 담겨 있다. 금융의 최전선에서 일어나는 변화의 통찰을 얻을 수 있다.

남중수 전 KT 대표이사(매사추세츠대 경영학 박사, 전 대림대 총장)

"은행은 더 이상 금과 현찰, 수표를 보관하는 곳이 아니다. 데이터를 유통, 처리하는 곳이다." 따라서 미래 금융의 주역은 정보통신 기업이 돼야 한다고 주장해 온 필자의 비전을 읽을 수 있다. 특히 실리콘밸리뱅크 파산에 대한 분석을 통해, 소셜 미디어에 대한 실시간 모니터링을 제안하는 대목 등은 무척 시의적절하다. 금융기술이 일으키는 '머니무브'를 이해하기 위한 필독서다.

김광수 전 은행연합회장(전 NH농협 금융지주 회장, 전 금융정보분석원장)

키움증권의 슈퍼 플랫폼 만들기를 지향하면서 추진해 왔던 금융 융합의 모든 것이 이 책에 담겨 있었다. 저자를 통해 증권업계 경영자로서 항상 고민해 온 금융투자와 특히 블록체인의 융합에 대한 인사이트를 얻게 됐다. 블랙록, 제이피 모건, 산탄데르 등 글로벌 금융사들이 보이는 '자산의 토큰화' 전략이 그것이다. 금융계 현재와 미래 종사자들의 일독을 권한다.

엄주성 키움증권 대표이사(KDI대학원 투자경영학 석사, 전 키움증권 투자운용본부장)

정보통신, 은행, 결제 등 IT와 금융을 모두 현장에서 섭렵한 최고 구루guru의 경험과 지식의 총체라고 평가된다. 이 책에 담긴 그의 특별한 혜안으로 우리 금융융합이 당면한 오늘의 문제와 내일의 해답을 찾을 수 있을 것이다.

우상현 비씨카드 신금융연구소장(전 금융위원회 산업금융과장, 프랑스 파리정치대 경제학 박사)

금융과 디지털은 매우 닮았다. 그 스스로는 아무것도 못 하지만 세상과 결합하면 세상을 바꾸고 움직인다. 월스트리트와 실리콘 밸리가 가까워진 이유다. 이 책은 금융과 테크의 결합 현장을 직접 목격한 저자의 귀한 증언이 담겨 있다. 세상이 어디로 가는지, 가야만 하는지 보려면 필독하기를 추천한다.

임문영 민주당 디지털특위 위원장(전 경기도 미래성장정책관, 호서대 기술경영학 박사)

들어가는 글

이 책은 금융과 정보통신기술^{ICT}의 융합이 진행되는 현업에서 꼬박 10년을 고민한 결과물이다. 금융과 ① 데이터 산업, ② 빅테크 업계, ③ 네트워크 산업, ④ 블록체인 업계, ⑤ 인공지능^{AI} 산업의 5개 주요 기술 업종 간에 이뤄지고 있는 융합 현상을 분석했다.

파이낸스와 테크놀러지를 화두로 삼다 보니, 이 책 출판에 앞서 특허청에 2023년 금융기술 특허 6종을 출원하게 됐다. 블록체인 기반 '자산인증 대체불가능토큰^{NFT}' 관련 4종의 특허, 그리고 블록체인 기반 '카드 영수증 대체불가능토큰' 관련 2종의 특허가 그것이다.

금융으로의 여정은 사실, 전혀 의도한 것이 아니었다. 정보통신회사인 케이티그룹에서 아이피티브이^{IPTV}와 티-커머스 T-Commerce 등 미디어 정책을 주로 담당하다가, 2015년부터 갑자기 금융을 떠맡게 됐다. 당시 정부가 도입을 발표한 인터넷전문은행을 만들기 위해 케이티그룹 차원에서 꾸려진 준비팀으로 이동했다. 인사가 난 당일 오전까지 티-커머스 방송 화면의 동영상 비율을 논의하다가, 오후부터 정보통신기술과 금융의 융합, 그리고 케이티가 은행을 왜 해야 하는지 등에 대한 문서를 작성해야 했다.

인터넷전문은행의 법 제정과 라이선스 경쟁에 참여하게 되면서 케이티그룹의 핀테크 태스크포스^{TF}장을 맡았다. 케이티가 주도했던 케이뱅크 컨소시엄이 은행 라이선스를 취득한 뒤에는 케이뱅크를 지원할 케이티그룹의 금융정책 담당 상무로 일하게 됐다. 케이티의 케이뱅크 대주주 결격 사유를 해소한 인터넷전문은행법 개정을 달성해 냈다. 케이뱅크의 1대 주주를 케이티로부터, 케이티 계열사인 비씨카드로 바꾸는 기획과 실행에 앞장섰다. 케이뱅크의 대주주 적격성을 의식한 기획이었다. 이후 그룹 차원의 인사로 케이뱅크로 이동해, '미래 금융' 총괄 전무를 맡았다. 그리고 다시, 케이뱅크의 1대 주주인 비씨카드로 배치돼 '신금융'을 책임지는 전무로 일하게 됐다.

케이티그룹의 핀테크 정책을 이끌게 되면서, 관련된 글로벌 트렌드를 조사하기 위해 이코노미스트^{Economist}와 파이낸셜타임스^{Financial Times}, 월스트리트저널^{Wall Street Journal}, 포브스^{Forbes}와 뉴욕타임스^{New York Times} 등의 파이낸스와 테크놀러지 기사들을 주말은 물론, 일과시간 이후 매일 읽어왔다. 시사점을 찾아내기 위해 맨 처음 정리했던 기사는 미국 골드만삭스Goldman Sachs의 소매은 행 마커스Marcus 설립 계획이었다. 웹사이트나 앱을 통한 가상 은행의 형태로, "지점과 대출 관련 직원의 비용을 줄여, 소비자들에게 낮은 이자로 대출을 제공하면서도 이윤을 낼 수 있다"라고 정리했던 내용이 아직도 기억에 생생하다. 맥킨지Mckinsey와 보스턴 컨설팅 그룹Boston Consulting Group, 베인Bain 등 컨설팅 회사들의 핀테크에 대한 보고서도 밑줄 그어가며 정독했다. 한국금융아이시티ICT융합학회와 서강금융포럼 등의 세미나에도 빠지지 않고 참여해 토론과 학습을 거듭했다. 이 모든 것이 업무상 필요했다. 핀테크가 무엇을 할 수 있는지를 전부 알아내려 했다. 조사한 내용은 매주 말 요약 정리했고, 이를 2021년 초부터는 월요일 아침마다 편지글 형식으로 케이티그룹 내의 관련 임직원들에게 공유해 왔다. 반응이 좋아 점차 금융위, 금감원과 국회 등 사외의 주요 이해관계자에게도 이 글을 발송하기 시작했다. 휴가와 명절에도 거르지 않고 작성해 왔고, 이렇게 쌓이게 된 약 200편의 글이 아까워 출판을 생각하게 됐다.

막상 책으로 묶으려고 다시 읽어 보니, 기술과 상황 변화 등으로 최신 트렌드와 어긋나는 내용이 여기저기에서 보이는 등 미흡한 부분이 곳곳마다 눈에 거슬렸다. 수정을 위해 손보기를 계속 되풀이하다가, 결국 글을 완전히 다시 쓰게 됐다. 주제별로 내용을 재구성하고, 보완 조사를 한 뒤 정리하는 작업을 거듭했다. 결과적으로는 애초 써놨던 글에서 남은 부분이 별로 없게 됐다. 하지만 이 과정에서 겹으로 큰 공부가 됐다. 나에게 그랬던 것처럼 현업에서 금융 변혁의 파고와 맞닥뜨려야 하는 은행, 카드, 보험, 증권회사의 현 임직원들과 가까운 미래에 이 물결에 올라타기를 희망하는 학생들, 그리고 취업 준비생들에게 도움이 되기를 바란다.

아, 다시 생각해 보니 이 머리말은 수정하는 것이 맞는 듯하다. 10년이 아니라, 20년을 고민한 결과물이라고 고쳐야겠다. 2006년 미국 텍사스 오스틴^{Texas Austin}에서 대학원을 다니며 공부한 기술 상용화^{Technology Commercialization}의 뒤늦은 과제물이라고 말하는 것이 옳겠다. 이렇게 정정하고 나니 핀테크로의 20년 여정은 우연이 아니라, 예정됐던 것이라고 믿게 된다.

그간 일중독을 핑계 대던 가장을 꾹 참아준 이진희 님과 권세인 님, 그리고 권선욱 님, 권선정 님 등 식구들에게 항상 깊이 감사드린다. 신혼 때부터 주말 작업으로《서울대는 왜 있는 집 자녀만 다닐까》등 네 권의 책을 내느라 가족 노릇을 제대로 못 해왔다. 권중원·윤희중 님께, 이근수·황보복순 님께도 정말 송구하게 생각한다. 사회생활 내내 멘토가 돼 주신 문화일보 회장 이병규 님과 전 케이티 사장 남중수 님, 전 대법관 안대희 님께는 무엇으로 고마움을 표시해야 할지 모르겠다. 이동빈, 박영출 님 등 내 대학 〈연세춘추〉 시절의 선후배들, 첫 사회생활 이후 15년을 내내 지켜봐 줬던 오창규 님, 민병두 님, 최형두 님 등 문화일보와 조용택 님, 이연홍 님, 이종원 님 등 언론계 선후배들, 그리고 이후 15년 사이에 여러 기회를 준 김인회 님, 최영익 님, 신현옥 님 등 케이티그룹 동료들, 그리고 핀고 이사회의장 박재순 님, 전 은행연합회장 김광수 님, 한국금융아이씨티융합학회장 오정근 님, 서강대 교수 이석근 님, 현대원 님, 순천대 교수 박기영 님, 뉴욕주립대 교수 김종석 님, 스카이레이크 인큐베스트 회장이신 전 정통부 장관 진대제 님 등 금융계 어르신들에게는 깊이 머리 숙여 인사드린다.

차례

PART 1
데이터 산업의 금융 융합

PART 2
빅테크 업계의 금융 융합

PART 3
네트워크 산업의 금융 융합

PART 4
블록체인과 금융의 융합

PART 5
AI 산업의 금융 융합

PART 1

데이터 산업의
금융 융합

데이터 산업과 금융의 융합은 금융 서비스의 방식과 사용자 경험을 근본적으로 바꿔 놓고 있다. 데이터 분석 등 관련 산업의 기술은 금융 서비스의 효율성, 정확성, 보안을 강화하고 있다. 금융과 데이터 산업의 융합은 금융기술의 총아로 손꼽히는 글로벌 인터넷은행(예·적금과 대출 등의 모든 금융 업무를 인터넷으로 처리하는 은행) 업계에서 특히 두드러진다. 각국의 인터넷은행은 데이터를 기반으로 개인과 중·소 사업자들에게서 새 시장을 찾아냈다. 인터넷은행은 번화가의 요지에 부동산을 사들여 지점을 내는 대신, 개발자 스카우트와 앱의 업데이트·알고리즘 개편에 돈을 쓰고 있다.

과거, 금융사들은 전통적인 신용평가 모델에 의존했다. 그러나 데이터 산업과 금융이 융합되면서 대안 신용평가 모델의 수립이 가능해졌다. 고객의 '좋아요'를 포함한 소셜 미디어 활동 결과, 이동을 포함한 위치 데이터, 상품구매 이력 등 소비패턴이 바

탕이 됐다. 이에 따라 '초개인화(개인의 상황과 필요에 맞게 기업이 개별적인 맞춤 혜택을 제공하는 것)'된 고객 맞춤형 금융상품의 제공이 가능해졌다. 즉 금융사들은 데이터 분석을 통해 고객의 니즈와 소비 성향을 파악하고, 개별 고객에게 소비습관, 자산 규모, 투자 성향 등을 감안한 최적화된 금융상품을 제공할 수 있게 됐다. 금융사들은 데이터를 수집, 가공, 분석해 새로운 수익원도 창출하고 있다. 보험사는 고객의 운전 습관 데이터를 바탕으로 맞춤형 보험료를 산정할 수 있다. 차량 속도, 신호 준수, 운전 습관 등을 반영하는 방식으로 보험료의 할인·할증이 가능하다.

각국의 경쟁정책(경쟁을 유지하거나 경쟁을 저해하는 행위를 규제함으로써 자원이 효율적으로 배분되도록 하는 정부의 접근 방법) 강화도 금융의 데이터 융합 활성화에 순풍으로 작용했다. 개별 금융사가 폐쇄적으로 독점하던 금융 데이터는 유럽에서 시작된 오픈뱅킹(은행 간 금융 결제망을 개방해 은행이 제공하는 금융 서비스를 다른 은행이나 핀테크 기업의 애플리케이션을 통해 받을 수 있도록 하는 제도. 개방형 금융 결제망이라고도 한다)으로 중·소 핀테크(파이낸스 Finance와 기술Technology의 합성어. 모바일 결제, 송금, 개인 자산관리, 크라우드 펀딩 등 금융 서비스와 관련된 기술) 회사들에 개방되면서, 고객은 한 플랫폼에서 여러 금융사의 서비스를 통합적으로 이용할 수 있게 됐다. 한국과 일본, 호주 등에 이어 최근 미국에 도입된 오픈뱅킹은 '이혼보다 더 어렵다'라는 계좌 변경을 손쉽게 바꿔

났다. 오픈뱅킹이 표방하는 '정보의 자기 결정권 강화' 정책은 점차 개인정보의 개방 범위를 넓혀가고 있다. 자기 결정권이 비금융 영역으로 넘어가기 시작한 마이데이터(개인정보에 대한 정보 소유자의 권리를 보장하고, 소유자의 동의하에 개인정보를 능동적으로 활용할 수 있도록 허락하는 방식)에 이어, 전 산업으로 확장되는 오픈파이낸스(은행의 계좌, 송금망을 표준화해 하나의 인프라에서 이용할 수 있게 한 오픈뱅킹의 개념을 금융 서비스 전체로 확장한 것)로 점차 확산하고 있다.

신뢰할 만한 데이터는 금융회사뿐 아니라 정부와 중앙은행에도 매우 중요하다. 금융정책의 의사결정에서 그 바로미터로 엑스(X, 옛 트위터) 등 소셜미디어의 중요성은 더욱 커지고 있다. 소셜 미디어는 금융시장을 요동치게도 한다. 실리콘밸리은행 등 미국에서 손꼽히던 대형 은행도 게시물 하나로 파산하는 시대가 됐다. 해법은 철저한 사전 대응뿐이다.

이런 시기에 스타벅스는 금융권에서 논란이 되고 있다. 사실상의 예금을 미국의 상위권 은행 수준으로 쌓아두고 있으면서도, 지급준비금은 한 푼도 갖추지 않고 커피와 케이크로만 이를 갈음하고 있기 때문이다. 이에 반해, 투자은행의 최강자인 골드만삭스는 데이터 미흡으로 인터넷은행 마커스에서 처절한 실패를 맛봐야 했다.

데이터 산업과의 융합은 금융의 서비스 혁신을 이끌어 가고 있다. 금융의 디지털 전환을 가속화하고, 고객 경험을 크게 향상하며, 데이터의 가치를 극대화하고 있다. 이는 금융사들과 고객 간의 관계를 더욱 강화하고, 고객 만족도를 높인다.

01

데이터를 기반으로
새 시장 찾아낸
각국의 인터넷뱅크

아톰 뱅크Atom Bank, 엔N26, 레볼루트Revolut, 몬조Monzo, 그리고 스스탈링 뱅크Starling Bank…. 이것은 한국의 케이뱅크, 카카오뱅크, 토스뱅크처럼 기존 대형 은행의 시장 지배력에 도전하는 유럽 지역의 소규모 신생 특화은행이다. 유럽에서는 인터넷전문은행이라는 명칭보다는 챌린저 뱅크[1] 또는 네오뱅크라는 이름이 널리 통용된다.[2] 영국의 경우, 2013년 은행 간 경쟁 활성화를 목표로 은행의 진입 자본 규제를 500만 유로(약 75억 210만 원)에서 100만 유로(약 15억 42만 원)로 완화해 중소 규모 은행의 시장 진출을 촉진했다. 대형 은행이 과점하고 있던 소매은행 부문의 시장 진입

---

1   2008년 영국 정부가 자국 은행의 과점 체제를 깨기 위해 도입한 제도
2   https://www.forbes.com/advisor/banking/what-is-a-neobank

장벽을 낮춰 새로운 형태의 은행 출현을 유도한 것이다.

챌린저 뱅크는 기존 은행의 보수적인 운영 방식에서 벗어나 고객 중심의 효율적 운영 프로세스를 구축하려 노력해 왔다. 디지털 기술을 이용해 복잡한 대면 확인 절차를 생략하는 대신, 개인영업, 주택담보대출 등 중점 업무에 특화해 서비스를 제공했다. 한국에서는 2017년 금융위원회가 케이뱅크와 카카오뱅크 등 인터넷전문은행을 인가한 바 있고, 이후 토스뱅크가 세 번째 라이선스를 받았다. 2024년부터는 제4 인터넷전문은행이 되기를 희망하는 정보기술 회사들이 인가를 준비하고 있다.

한국의 인터넷은행들처럼 챌린저 뱅크는 소매금융과 중·소기업 금융에 주력해 성장하려는 전략을 갖고 있다. 기존 은행의 지점과 인력에 낭비되는 고비용 구조를 회피하기 위해 온라인 위주로 운영한다. 비대면을 기반으로 시중은행보다 저렴한 수수료와 경쟁력 있는 금리를 제공해 소비자의 편익을 높이고 있다.

챌린저 뱅크는 낮은 비용 구조로 기존 은행들보다 더 높은 자기자본이익률ROE, Return On Equity(순이익을 자기자본으로 나눈 비율로, 투입한 자기자본이 얼마만큼의 이익을 냈는지 보여주는 지표)을 기록하고 있다. 핀테크를 기반으로 한 이들 신생 은행은 수백만 명의 고객을 확보했는데, 현재 영국의 경우 성인의 27%(약 1,400만 명)가 챌린저 뱅크의 계좌를 보유하고 있다. 이들은 기존의 소매은행을 무너뜨릴 것이라는 기대를 모으며, 최근 몇 년간 벤처캐피털을 통해 한국 돈으로 수조 원에 해당하는 수십억 유로를 모아 왔다.

하지만 2023년 이후 상황은 급반전했다. 글로벌 금리가 고공 행진을 하자 자금조달의 호황은 멈췄다. 돈값이 비싸져 투자금 이 말라붙어 버린 것이다. 일부 챌린저 뱅크에서는 내부 기업문 화 등에 대한 우려가 제기됐다. 비즈니스 모델의 문제는 챌린저 뱅크의 또 다른 장애가 됐다. 게다가 금융기관은 고객이 누구인 지 확인하는 고객신원확인[KYC, Know Your Customer]의 부실, 자금세탁 방지의 미흡 등 금융회사로서의 기본이 취약한 것으로 나타나 자, 각국의 규제당국도 이들의 문제를 주목하기 시작했다. 챌린 저 뱅크에 대한 규제는 더욱 강화되고 있다.

각국 신생 은행의 상황은 이렇다. 엔26[3]은 독일 베를린의 공 유 오피스에서 막시밀리안 타옌탈[Maximilian Tayenthal]과 발렌틴 스탈 프[Valentin Stalf] 두 창업자가 2013년 스타트업으로 만든 '퍼스트 무 버[First Mover](새로운 분야를 개척하는 선도자)'이며, 수백만 명의 사 용자를 보유하고 있다. 지난 10여 년간 성장을 거듭해 왔지만, 2023년 들어서는 인력을 4% 감축하며 긴축 모드로 반전했다. 자 금 세탁 방지 부실 등의 이유로 독일 감독기관으로부터 '신규 성 장 제한'이라는 제재를 받았다.

---

3   https://n26.com/en-eu

레볼루트^{Revolut4}는 리먼 브라더스의 파생상품 트레이더 출신인 니콜라이 스토론스키^{Nikolay Storonsky}가 2015년에 설립한 회사, 스트라이프^{Stripe}에 이어 세계에서 두 번째로 가치가 높은 핀테크 스타트업이 됐다.[5] 전 세계 1,500만 명의 고객과 50여만 개의 기업이 사용하고 있다. 사업의 시작은 모바일 앱을 통한 외화 환전 플랫폼이었다. 이후 은행 업무에 이어 보험, 주식, 가상화폐 등의 거래·관리 등으로 서비스를 확장해 영국에서 가장 큰 규모의 챌린저 뱅크로 발전했다. 전 세계 1,500만 명의 고객과 50여만 개의 기업이 사용하고 있다. 레볼루트는 영국에서 지난 2021년 은행 라이선스를 신청했지만, 아직도 이를 손에 쥐지 못하고 있다. 이 해에 평가받은 기업 가치가 330억 달러(약 48조 2,163억 원)이다. 하지만 높은 이직률과 가상화폐에 대한 과다 의존, 그리고 회계부실이 발목을 잡고 있다.

아톰 뱅크^{Atom Bank6}는 2014년에 설립된 영국 최초로 모든 은행 기능을 인가받은 모바일 전문은행이다. 지점은 일체 두고 있지 않다. 본사는 잉글랜드 더램^{Durham}에 있다. 메트로 뱅크^{Metro Bank}의 설립자인 앤서니 톰슨^{Anthony Thomson}과 퍼스트 다이렉트^{First Direct} 은행의 전 최고경영자 마크 뮬런^{Mark Mullen}이 공동창업했다. 아톰 뱅

4   https://www.revolut.com
5   https://www.wsj.com/finance/banking/revolut-targets-valuation-jump-to-45-billion-in-sign-of-fintech-revival-0650a0a8?mod=banking_news_article_pos1
6   https://www.atombank.co.uk

크는 2016년 6월 저축 계좌 서비스 출범 이후 1년여 만에, 예금 보유고 9억 파운드(약 1조 6,034억 1,300만 원)를 돌파하며 영국 내 인터넷은행의 성공 사례로 꼽히고 있다. 2023년 사상 첫 연간 영업 이익 400만 파운드(약 71억 2,628만 원)를 달성했다. 동시에 아이오에스iOS와 안드로이드Android 앱 스토어에서 별 5개 등급을 받아냈다.

이밖에 스탈링 뱅크Starling Bank[7]와 몬조Monzo[8] 역시 영국의 챌린저 뱅크로, 각각 420만 명과 900만 명의 가입자를 갖고 있다. 알비에스RBS, 에이비엔 암로ABN Amro 등 기존 은행권에서 최고운영책임자COO 등을 역임한 앤 보덴Anne Boden이 설립했다. 2017년 은행 영업인가를 받았다. 팬데믹 당시 영국은 정부 지원 자금 대출기관으로 이 스탈링 뱅크를 선정하는 등 정책 지원을 한 바 있다. 몬조는 2016년 자사의 모바일 앱과 연동된 마스터카드Mastercard 제휴의 선불카드를 통해 고객 서비스를 시작했다. 챌린저 뱅크 중 영국에서 현재 이용자가 가장 많은 은행으로, 영국과 해외에서 현금 인출 때 수수료를 부과하지 않고 있다. 기존 은행의 현금 자동입출금기ATM를 이용할 때도 수수료가 없다.

미국에서는 다음 세 개의 네오뱅크가 성과를 거두고 있다.[9]

---

7   https://www.starlingbank.com
8   https://monzo.com
9   https://www.forbes.com/advisor/banking/what-is-a-neobank

첫 번째는 차임Chime[10]으로 1,200여만 명의 사용자를 모은 미국 네오뱅크의 대표 브랜드다. 기존 은행들이 부과하던 수수료 중 많은 부분을 없앴다. 차임은 미국 연방예금보험공사FDIC, Federal Deposit Insurance Corporation 회원이지만, 직접 은행 라이선스는 갖고 있지 않다. 은행이 아닌 핀테크 회사를 표방한다. 은행 서비스와 직불카드는 밴코프 뱅크The Bancorp Bank 또는 스트라이드 뱅크Stride Bank 에서 제공받고 있다.

두 번째는 200여만 명의 사용자를 보유한 바로뱅크Varo Bank[11]이다. 2020년에 미국통화감독청OCC, Office of the Comptroller of the Currency 으로부터 풀 서비스 국가 은행 라이선스를 받았다. 바로뱅크는 월별 또는 초과 인출 수수료가 없고 최소 잔액을 요구하지 않는 등 차임과 유사한 서비스를 제공한다.

세 번째는 커런트Current[12]로, 미국에서 수십만 명의 사용자를 유치했다. 수수료 없는 초과 인출, 직불카드 구매 시 현금 환급 등 혜택을 제공하고 있다. 세 네오뱅크 가운데 가장 핀테크 회사에 가깝다. 은행 라이선스는 물론, 미국 연방예금보험공사의 회원 자격도 없다.

한편, 각국 금융 규제당국이 벌이고 있는 일련의 감독 강화는

---

10 https://www.chime.com
11 https://www.varomoney.com
12 https://current.com

이들 챌린저 뱅크가 수익을 내지 못해 추락을 거듭한 가치평가와 맥을 같이 한다.[13] 투자자들의 정서가 규제에 일조하고 있기 때문이다. 기존 은행은 챌린저 뱅크들의 잇단 등장으로 온라인 서비스를 개선해 온 반면, 이들 신설 은행은 기존 은행들보다 아직도 자산관리와 대출에 미흡한 것이 사실이다. 이에 슈뢰더Schroders, 알리안츠Allianz 등 투자회사들은 자사가 보유한 챌린저 뱅크의 지분에 대한 가치를 낮추며 재평가하고 있으며, 매각도 시도하고 있다.

그러나 이들 챌린저 뱅크는 대응을 잘하지는 못하는 모습이다. 무엇보다 챌린저 뱅크의 가치 하락으로 기업공개IPO, Initial Public Offering를 앞둔 스톡옵션의 매력이 사라져 인재 스카우트가 어려워졌다. 되레 있는 임직원들도 그만두고 있는 형편이다. 레볼루트와 엔26 모두 창업자들의 리더십 문제로 고위 임원들이 줄 퇴사했다. 특히 레볼루트는 최고경영자CEO와 비서실장이 그만둔 데 이어, 최고재무책임자CFO는 물론 컴플라이언스 스태프들까지 이 은행을 떠났다.[14]

비즈니스 모델의 문제도 속속 드러나고 있다. 레볼루트는 지난 2021년 매출의 3분의 1을 가상화폐 거래에 의존했다. 가상화폐의 가치 폭락으로, 이 은행은 감독기관의 조사를 받아야 했다.

---

13 https://www.ft.com/content/a71140e3-f3e9-492d-9012-c5d578215944
14 https://sifted.eu/articles/revolut-execs-quit-senior-leaders

이뿐만 아니라, 이 은행의 결제 시스템이 2,000만 달러(약 292억 2,200만 원)를 탈취당하는 등 통제 미흡까지 나타났다. 이 문제로 이 은행은 금융당국의 검사를 반복해서 받아야 했다.[15]

한국의 인터넷 전문은행도 마찬가지지만, 이들 글로벌 챌린저 뱅크가 공통으로 내세우는 강점은 두 가지다. 첫째는 각 요지의 부동산 보유나 임대가 필요 없고 많은 인력이 없어도 되는 낮은 비용 구조이다. 둘째는 업데이트와 확장이 쉬운 모바일 앱 등 기술 인프라다. 이들 챌린저 뱅크의 단기적 성공은 이자 수입을 올릴 금리의 상승 여부에 달려 있으며, 중·장기적으로는 이미 고무적인 성공의 데이터들이 나타나고 있다.

우선, 독일에서는 이들 신생 은행의 신규 계좌 점유율이 급증하고 있다. 지난 2016년 2%였던 수치가 2022년에는 무려 17%로 상승한 것이다.[16] 이는 기존 은행이 기존 고객들을 충족시켜 주지 못했던 새 시장이 있다는 증거로 해석된다. 일각에서는 '기존 은행에서 챌린저 뱅크로의 고객 이동은 영구적인 변화'라고까지 주장한다. 특히 20대가 챌린저 뱅크에 호응하기 시작했고, 이들은 점차 시간 지나면서 신생 은행들의 수익성을 높여줄 것으로 전망된다. 한국에서도 앞으로 한 세대가 지나기 전에 기존 은행에서 인터넷은행으로의 '머니 무브Money Move'가 있으리라는 것을

---

15 https://www.ft.com/content/0025347f-6e0c-4dbd-9762-e4eec0431050
16 https://finovate.com/and-in-this-corner-a-look-at-germanys-top-10-challenger-banks

시사한다. 은행에서 고객은 30세가 되면서부터 이익을 주기 시작하고, 50세가 넘어야 본격적으로 돈이 된다.

챌린저 뱅크는 수익 창출을 위해 상품의 범위를 넓히고 주거래 은행이 되려고 한다. 고객 80%의 기본 니즈를 충족시키려면 중개, 대출, 그리고 모기지 서비스를 제대로 갖춰야 한다. 한국에서도 마찬가지지만, 이들 챌린저 뱅크에 가장 큰 챌린지는 ① 스타트업의 문화와 ② 규제 산업의 요구라는 양자를 조화시키는 것이다. 무엇보다 강조돼야 할 것은 성장이다. 챌린저 뱅크에 성장이 없으면, 투자도 없다. 이는 증자와 기업공개가 시급한 케이뱅크, 토스뱅크와 제4 인터넷전문은행들이 되새겨야 할 화두가 되고 있다.

모바일 뱅크에서 돈이란 데이터와 개발자, 업데이트와 알고리즘에 쓰는 것

전 세계의 전통 은행들은 각 지역의 유동 인구가 많은 곳에 넓은 지점을 설치하고 있다. 지점에는 수십 명이 근무하며 대면 영업을 주로 하고 있다. 그러나 한국의 인터넷전문은행 등 모바일로 운영되는 글로벌 챌린저 뱅크들은 다르다. 디지털에 기반한 비대면의 온라인 뱅킹으로 고객들과 접점을 갖는다. 이들은 정보통신기술ICT을 활용해 업무 운영 방식 등에 새로운 변화를 시도하며, 기존 은행보다 편리한 서비스를 앞세워 성장해 왔다.

이들 챌린저 뱅크는 지점의 설치와 운영, 인력 유지에서 발생하는 비용을 크게 줄인 데다 클라우드Cloud 도입 등 정보통신기술을 효율화하는 방식으로 고객에게 전통 은행들보다 더욱 경쟁력 있는 금리를 줄 수 있다. 이들은 개인 소매영업에서 시작해, 기업 부문으로 영업을 조금씩 확대하는 등 업무를 확장해 왔다.

챌린저 뱅크에는 크게 두 가지의 비용 이점이 있다. ① 지점들과 이에 수반되는 인력이 없다는 것, 그리고 ② 최신 클라우드 기반의 소프트웨어라는 점이다. 번화가에 자리 잡은 전통 은행들은 비용 중 무려 절반이 지점 운영·유지비용과 그곳 직원 인건비 등으로 지출된다. 전통 은행은 여전히 레거시Legacy(새로운 방식과 대조되는 기존의 오랜) 메인 프레임(초대형 컴퓨터)을 기반으로 운영되고 있다. 이들 은행 정보통신기술 예산의 4분의 3은 '현상 유지'에 쓰일 수밖에 없다.[17]

기존 은행이 손익분기점(일정 기간의 매출액이 당해 기간의 총비용과 일치하는 시점의 매출액)을 맞추려면 고객당 연간 약 200~400달러(약 27만~55만 원)의 수익을 내야 한다. 신규 계좌를 개설할 때마다 소요되는 인건비와 부동산 가격 등을 포함해 상당한 비용

---

17   https://www.economist.com/special-report/2019/05/02/neobanks-are-changing-
      britains-banking-landscape

이 추가된다. 반면, 챌린저 뱅크의 경우 상품 개발을 위한 비용과 고객 획득 비용 등을 포함하더라도 손익분기점은 약 50~60달러 (약 7만~8만 원대)에 불과하다. 기존 은행에 비해 챌린저 뱅크는 고객당 손익분기점이 최고 8분의 1까지 떨어질 정도로 효율적이다. 게다가 챌린저 뱅크는 추가 계좌를 유지하는 데 드는 한계 비용(추가로 필요한 총비용의 증가분)이 거의 0에 가깝다. 따로 돈이 들어갈 것이 없기 때문이다.

이처럼 재무상태표(기업의 현재 자본과 부채, 자산 현황을 나타내는 보고서)가 가벼운 챌린저 뱅크의 비즈니스 모델은 기존 은행의 전형인 예대마진(대출금리와 예금금리의 차이)만이 아니다. 유럽 등에서는 타사 상품 판매에 수익 의존도가 더 높다. 미국의 그린닷Greendot, 브라질의 누뱅크Nubank, 아일랜드의 벙크Bunq 그리고 러시아의 틴코프Tinkoff, 영국의 스탈링Starling, 레볼루트Revolut, 오크노스OakNorth 등이 사례이다.[18] 이 비즈니스 모델은 최고 수준의 데이터 분석과 원활한 서비스가 필요하다.

한국의 인터넷전문은행을 포함한 글로벌 주요 챌린저 뱅크들은 누구보다 개발자들을 존중하고, 데이터 과학자들과 앱 개발자들에게 막대한 비용을 지출한다. 최고경영자CEO와 최고기술책임자CTO의 의견이 다르면, 대개는 최고기술책임자의 주장을 따

---

[18] https://www.finextra.com/blogposting/25266/profitability—the-holy-grail-for-challenger-banks

른다. 때로는 사용자 경험/사용자 인터페이스UI/UX 담당 임원이 최고경영자나 최고기술책임자와 다른 의사결정을 하고, 이를 관철한다. 카카오뱅크의 경우, 윤호영 행장은 "최고경영자와 최고기술책임자 사이에 큰 분쟁이 발생하면, 카카오뱅크를 떠나야 하는 것은 최고경영자"라고 밝힌 바 있다.[19]

챌린저 뱅크들은 ① 자주 업데이트를 배포하고, ② 추천 알고리즘을 계속 수정한다. 본인 인증과 타사 사이트 인증 등은 패스워드는 물론, 지문이나 안면 인식으로도 처리할 수 있다. 아마존 Amazon에서 원클릭 쇼핑하듯 간단하게.

---

19 https://www.edaily.co.kr/News/Read?newsId=01420246625834848&mediaCode
     No=257

02

오픈뱅킹 도입으로
이혼보다 어려운
계좌 변경을 손쉽게

내가 카드를 쓸 때마다 은행들은 알고 있다. 지하철을 탔고, 버스로 환승했으며, 커피나 다른 그 무엇을 사러 갔다는 것을. 이는 은행들이 이미 그 모든 데이터를 가지고 있기 때문이다. 은행들은 나의 데이터를 독점해 수익을 극대화하려는 인센티브를 갖고 있다. 그렇다면 내 데이터에 대한 프라이버시 보호와 서드파티 등 더 넓은 생태계로의 개방은 어떻게 가능할까.

정답은 오픈뱅킹^{open banking}이다. 자금 이체 등 은행의 핵심 기능을 표준화하고, 이를 다른 사업자에도 열어 간편하게 공유하도록 하는 '공동 인프라 서비스'로 폐쇄적이던 금융 결제 인프라를 개방하자는 취지다. 내 스마트폰에 설치한 하나의 앱을 통해 모든 은행 계좌에서 결제를 비롯해 잔액 조회, 거래내역 조회, 계좌 실명 조회, 송금인 정보 조회, 자산관리, 해외 송금 등의 금융 서비스를 실시간으로 이용할 수 있다.[1]

오픈뱅킹 도입으로 은행을 비롯해 내가 가입한 모든 금융기관의 출금과 이체가 단 하나의 앱 안에서 가능해졌다. 내가 거래하는 모든 은행의 앱을 일일이 설치할 필요도 없다. 하나의 금융사 앱 또는 핀테크 기업의 앱 안에 내 금융 계좌들을 등록해 놓으면, 결제·송금·이체 업무가 가능하다. 내가 주로 이용하는 금융사의 모바일 앱에 있는 오픈뱅킹 메뉴에서 타 금융사 계좌를 연결해 이용 동의만 누르면 된다. 내가 해당 금융사의 계좌를 갖고 있지 않다면, 계좌를 개설한 후 이용이 가능하다. 오픈뱅킹은 소비자의 금융 데이터에 대한 액세스 권한을 안전하게 제공하는 수단으로, 고객들이 주거래은행을 쉽게 바꿀 수 있도록 해 경쟁과 혁신을 장려하자는 것이다. 대출기관들은 고객들의 지출·저축 등과 관련한 자기 정보를 전송받아, 이를 토대로 좋은 결정을 내리도록 할 수 있다.

영국, 유럽과 호주에 이어 미국도 2023년 11월에 오픈뱅킹이라는 '금융 데이터의 간편 공유'를 의무화했다. 미국보다 4년 앞선 2019년 12월, 한국이 오픈뱅킹을 전면 시행했다. 오픈뱅킹은 은행과 상호금융, 증권사, 우체국, 핀테크 앱을 시작으로 2021년

---

1   https://www.emarketer.com/insights/open-banking-api-trends-explained

상반기부터는 저축은행과 카드회사까지 서비스 이용이 확대됐다. 미국도 자국인들이 은행 등 제공업체에 보관된 자신의 데이터에 액세스할 수 있는 권리를 무료로 보장했다. 미국에서의 오픈뱅킹 도입에 따라, 미국인들은 해당 데이터를 오픈 응용프로그래밍 인터페이스API, Application Programming Interface를 통해 제삼자인 서드파티와 공유할 수 있게 됐다. 미국의 오픈뱅킹은 금융소비자보호청CFPB, Consumer Financial Protection Bureau이 개인 금융데이터권 Personal Financial Data Rights 규정에 따라 도입한 것이다. 적절한 소비자 보호 장치가 마련되면 오픈뱅킹으로의 개방적이고 분산된 전환은 금융사 간 경쟁을 촉진하게 된다. 오픈뱅킹은 이와 함께 금융 상품과 서비스를 개선하며 각종 수수료를 억제할 수 있게 한다.

그동안 미국보다 영국과 유럽연합 등에서 은행을 변경하는 것이 훨씬 더 간단했던 이유 중 하나가 바로 데이터 통제권 때문이다. 미국에서는 계좌 소유권이 고착돼 있어, 이혼할 가능성이 은행 계좌를 바꾸는 것보다 더 크다고까지 이야기된다.[2]

제도로서의 오픈뱅킹은 영국 정부의 주도로 2018년 1월에 시작됐다. 경쟁과 혁신을 촉진하고, 개인 금융에 대한 기존 제공업체의 독점을 깨부수기 위한 노력의 일환이었다. 영국은 9대 주요 은행을 대상으로 누구나 사용할 수 있도록 공개한 오픈 응용프

---

2   https://www.ft.com/content/e0203daa-1eca-46fd-a122-f6b4e5e29ec2?shareType=
     nongift

로그래밍 인터페이스 서비스를 시행했다. 각 은행은 서로 다른 소프트웨어 간의 정보를 주고받는 통로에 해당하는 이 오픈 응용프로그래밍 인터페이스를 통해 다양한 서비스가 가능해졌다. 타 은행의 고객 정보를 받아 해당 은행의 계좌로 접근할 수 있게 됐다. 이에 따라 은행의 결제 기능 강화와 경쟁 확대가 본격화됐다. 영국의 오픈뱅킹 응용프로그래밍 인터페이스 이용은 도입 1년 만에 1억 1,000만 건으로 치솟아 약 26배의 성장세를 보였다. 영국의 대형 은행들은 고객들의 승인하에 핀테크 같은 서드파티와 처음으로 고객 데이터를 공유했다. 영국의 경우, 오픈뱅킹은 은행 계좌와 신용카드까지만 영향을 미쳤고, 모기지 또는 연금 등은 아직도 오픈뱅킹이 되지 않는다.

유럽연합에서는 오픈뱅킹이 '결제서비스지침개정안^{PSD2, Payment Services Directive 2}'이라는 이름으로 2018년에 도입됐는데, 은행 응용프로그래밍 인터페이스를 수수료 등 차별이 없이 핀테크 기업에도 제공하도록 의무화한 것이 핵심이다. 호주에서는 재무부가 오픈뱅킹 구현을 위한 권고안을 발표했고, 2019년부터 신용·직불카드와 예금·거래 계좌부터 시작해 주택담보대출 등으로까지 확대했다. 그리고 2022년 7월부터는 전 은행권의 모든 금융상품에 대한 응용프로그래밍 인터페이스가 공개됐다. 일본도 2018년 은행법 개정을 통해 핀테크 기업에 대한 응용프로그래밍 인터페이스 제공을 의무화했다. 싱가포르는 2016년 아·태

지역 최초로 오픈뱅킹 지침을 발표, 정부 주도의 금융 데이터 개방 유도 정책을 추진했다. 홍콩은 금융관리국에서 2018년 '오픈 응용프로그래밍 인터페이스Open API 프레임 워크'를 마련하여 1단계(은행상품 및 서비스 정보), 2단계(고객의 취득 및 신규 신청), 3단계(계좌 정보), 4단계(거래 처리)를 거쳐 순차적으로 오픈뱅킹을 추진해 왔다.

오픈뱅킹이 미국에도 도입되면서 향후 어떤 일이 벌어질지 다른 나라들이 예의주시하고 있다. 미국에서는 이미 다른 금융회사들의 고객 데이터를 활용하는 벤모Venmo[3], 크레딧카르마Creditkarma[4], 캐시앱Cashapp[5], 퀴큰Quicken[6], 와이냅YNAB[7] 등 핀테크 앱이 널리 사용되고 있다. 이러한 정보는 한국에서 그랬던 것처럼, 고객의 로그인 정보를 사용해 웹 사이트에서 정보를 복사하는 스크래핑Scraping(컴퓨터 프로그램이 웹 페이지나 프로그램 화면에서 데이터를 자동으로 추출하는 기술)을 통해 대부분 수집된다. 이 방식은 신뢰할 수 없으며, 서드파티가 필요 이상으로 많은 데이터를 가져가는 등 위험이 따를 수 있다. 은행에는 보안 문제가, 소비자에게는 개인정보 보호 문제가 제기될 수밖에 없다.

3   https://venmo.com
4   https://www.creditkarma.com
5   https://cash.app
6   https://www.quicken.com
7   https://www.ynab.com

벤모는 오픈뱅킹, 그리고 피투피P2P 모바일 결제와 소셜 네트워크의 기능이 통합된 모바일 앱이다. 미국 젊은이들 사이에서는 돈을 송금하라는 말을 "그냥 벤모 해Just Venmo me!"라고 한다. 미국 뉴욕 맨해튼의 번화가에서는 더치페이를 위해, 또는 부모 친척들로부터 용돈을 받기 위해 스마트폰의 벤모 앱을 여는 풍경이 자주 목격된다. 거래 명세와 메시지는 온라인에 공유된다. 메시지를 입력하면 지인들이 댓글을 달거나, '좋아요' 버튼을 누른다. 그러나 미국에서 이들 금융 앱을 이용한 오픈뱅킹은 사실 보안 리스크에 문제가 있을 수 있다. 이는 금융 정보를 다른 회사들과 공유하도록 하는 유럽과 달리, 미국에서는 오픈뱅킹이 정부의 의무 사항이 아니기 때문이다. 유럽에서는 의무화를 통해 규제가 주도적인 역할을 하고 있다.

반면, 미국에서는 시장 주도로 오픈뱅킹이 도입됐다. 개별 은행과 핀테크 업체들이 앞장섰고, 금융기관 자체적으로 서드파티의 응용프로그래밍 인터페이스 접근 여부를 허용하고 있다. 미국의 일부 은행은 민감 데이터와 고객 돈에 대한 사고 우려 등을 들어 오픈뱅킹에 불참하기도 했다. 그러나 오픈뱅킹은 미국 고객들에게 인기를 끌고 있으며, 이미 1억 명의 가입자가 자기 정보에 대한 서드파티 액세스를 승인했다.

미국에서 오픈뱅킹에 참여한 대형 은행들은 각자 전송 응용프로그래밍 인터페이스를 개발했다. 규제가 없기에, 이미 만연한

스크래핑 기술 모델을 따를 수밖에 없었다. 결국 이들은 오픈뱅킹을 스크래핑에 더 가깝게 만들었다고 평가된다.[8] 이 때문에 보안 표준은 누더기가 돼 버렸다. 서드파티의 액세스 중 절반가량은 보안이 취약한 인증서를 공유해야 한다. 게다가, 데이터 공유의 통제는 소비자 아니라 여전히 은행이 하고 있다.

마이데이터의 본질은 정보의 자기 결정권에 따른 내 신용정보 전송 요구

오픈뱅킹의 성공 이후, 한국을 비롯한 주요 선진국들은 '마이데이터Mydata 서비스'를 앞다퉈 추진하고 있다. 마이데이터 서비스란, 금융 소비자 개인의 금융 정보는 물론 비금융 정보까지 통합 및 관리해 주는 서비스를 말한다. 내가 나에 관한 각종 정보를 금융·비금융 회사로부터 마이데이터 사업자에게 전송하도록 요구할 수 있다.[9]

오픈뱅킹은 여러 은행 등 금융사의 앱과 핀테크 등을 연결하는 서비스이고, 마이데이터는 여기서 더 나아가 서비스의 제공

---

8   https://www.mckinsey.com/industries/financial-services/our-insights/the-role-of-us-open-banking-in-catalyzing-the-adoption-of-a2a-payments

9   https://www.mydatacenter.or.kr:3441/myd/mydsvc/sub1.do

범위가 금융권을 넘어섰다. 은행 간의 거래 정보뿐 아니라 주식, 펀드, 신용카드 등 전체 금융 서비스 사용 내용, 그리고 통신비, 유통, 교통, 의료 등 비금융 서비스 사용 명세까지 다양한 분야의 데이터를 한 번에 조회하고 관리할 수 있다. 특히 비금융 서비스의 다양한 데이터를 통해 새로운 서비스를 창출해 낼 수 있게 됐다.

마이데이터의 본질은 내가 내 정보의 주체가 된다는 '정보의 자기 결정권' 실현이다. 내 정보를 데이터로 활용해 유익한 상품이나 서비스를 추천받아 적극 활용하는 데 그 의미가 있다. 마이데이터 서비스의 도입 이전인 2019년 10월 한국에 오픈뱅킹이 도입됐지만, 은행 거래 명세 등을 제외한 카드 결제, 보험 등의 금융 정보는 한동안 조회가 어려웠다. 내 금융 정보를 비교해서 보고 싶으면 뱅크샐러드 등의 핀테크 앱에 거래하는 모든 금융사의 아이디와 패스워드 또는 인증서를 등록하고, 이를 통해 다른 금융사에서 정보를 '스크래핑' 방식으로 가져오는 수밖에 없었다. 등록된 금융기관이 많으면 기술적 차이 등의 이유로 정보를 불러오는 속도가 느려지고, 보안 사고의 위험도 큰 것이 사실이었다.

이후 지난 2022년 1월 마이데이터 서비스가 도입되면서 비로소 '나의 통합 인증'으로 내 신용정보를 가지고 있는 각 금융사의 폐쇄적 데이터 시장이 열리기 시작했다. 내 정보에 대한 전송 요구권을 행사하려면 우선 마이데이터 사업자의 앱을 통해 그동안 거래해 온 금융·비금융 회사에 필요한 정보 항목을 마이데이터 사업자에게 제공해 달라고 요구해야 한다. 그러면 이들 회사는 표준화된 응용프로그램 인터페이스[API]를 통해 내 정보를 암호화해 안전하게 전달한다. 이후 나는 마이데이터 사업자를 통해 통합 조회할 수 있다.

마이데이터 서비스의 법적 근거는 개인신용정보 전송 요구권(신용정보법 제33조의2)이다. 나의 데이터 주권을 강화하는 법적 권리행사에 기반해, 내게 보다 편리한 금융 서비스를 제공해 준다. 이에 따라 내가 접하게 되는 마이데이터 서비스는 크게 두 가지다.[10]

첫째, 내 금융 정보 관리 도우미 역할을 하는 '본인 계좌정보 통합 조회 서비스'다. 내 은행 예금계좌의 입출금과 예금 및 대출 등의 내용, 신용카드와 직불카드의 결제 거래 내용, 주식과 채권 등 매매 정보, 보험료 내용과 보험 계약 정보가 포함된 신용정보 등 금융사에 흩어져 있는 나의 금융 정보를 일괄 수집해 한눈에 알기 쉽게 통합해 제공한다. 대출이자 납부일 알림, 카드 대금 결제일 등이 주기적으로 알림된다. 여러 금융사를 전전하는 불편이 없이, 단 하나의 마이데이터 서비스 앱에서 모든 금융 정보를

---

10 https://www.fsc.go.kr/no010101/74444

관리할 수 있다.

둘째, 내 동의를 전제로 한 재무 컨설팅 등 '금융상품 추천 서비스'다. 내 현재 신용과 재무 현황으로 이용이 가능한 금융상품 목록을 제시해 주고, 상품별 가격과 혜택을 상세히 비교하는 재무 컨설팅을 지원해 최적화된 금융상품을 추천해 준다. 신용카드의 경우, 연회비와 월간 할인 혜택 등을 고려해 카드사별 순위도 알려준다. 은행 정기예금에 대해서는 연이율과 기한 등을 감안해 각 은행을 줄 세워 알려준다. 내 연령과 소득 등에 대비한 소비 행태를 분석해 포트폴리오를 만들어 주고, 이에 따른 금융상품도 골라 준다. 맞춤형 신용관리, 자산관리, 건강관리 상품이나 서비스도 제안해 준다. 금융 분야를 넘어 의료, 교육, 여행, 교통 등 다양한 분야에서 활용이 예상되는데, 맞춤화된 상품과 서비스를 제공받고, 소비하는 방식이다.

이 같은 통합 조회, 금융상품 자문, 자산관리 등의 서비스를 제공하는 사업자는 마이데이터 사업자(본인 신용정보관리업자)로, 내 전송 요구권 행사를 기반으로 분산돼 있는 개인신용정보를 수집해 준다. 마이데이터 서비스가 도입되면서 개인에 대한 정보는 세 가지로 나뉘어졌다.

첫째, 개인정보, 즉 특정 개인에 관한 정보로, 개인을 식별할 수 있게 하는 것이다. 이는 사전적이고 구체적인 동의를 받은 범위 내에서만 활용이 가능하다.

둘째, 가명 정보로 추가 정보를 사용하지 않고는 특정 개인을 알아볼 수 없게 조치한 정보다. 다만, 산업적 연구를 포함한 연구, 상업적 목적을 포함한 통계 작성, 공익적 기록보전 목적 등에는 개인 동의 없이 활용 가능하다.

셋째, 익명 정보로 개인을 알아볼 수 없게 조치하고 복원도 불가능하다. 이것은 제한 없이 자유로운 활용이 가능하다.

이 세 가지 가운데 두드러진 것이 새로 도입된 가명 정보인데, 누구인지 특정하기 어렵게 만드는 대신 기업이 활용할 수 있도록 한 것이다. 이에 따라, 기업은 다양한 데이터 융합으로 혁신 비즈니스 창출이 가능해졌다. 기업 간 경쟁 활성화로 데이터 독점권은 완화됐으며, 데이터의 개방으로 다양한 스타트업이 등장할 수 있게 됐다.

가명 정보는 2016년 제정된 유럽연합EU의 일반 개인정보보호법GDPR, General Data Protection Regulation에 근거하고 있다. 일반 개인정보보호법은 유럽 의회에서 유럽 시민들의 개인정보 보호를 강화하기 위해 만든 통합 규정으로, 2018년 5월 25일부터 유럽연합 각 회원국에서 시행됐다.[11] 일반 개인정보보호법의 주요 항목은 사용자가 본인의 데이터 처리 관련 사항을 제공받을 권리the right to be informed 등을 규정한다.[12] 일반 개인정보보호법에는 특히 마이데

---

11 https://www.edps.europa.eu/data-protection/our-work/subjects/rights-individual_en
12 https://gdpr-info.eu/issues/right-to-be-informed

이터와 관련한 '데이터 전송 요구권'이 포함돼 있다. 이는 고객이 요청하면 데이터를 보관하고 있는 쪽에서 마이데이터 사업자에게 활용도가 높은 형식으로 데이터를 전송해야 한다는 것이다. 이를 통해 내 정보의 자기 결정권이 강화됐다.[13] 이후 2018년 유럽연합의 결제서비스지침개정안에서는 마이데이터와 관련해서 금융 산업에 한정해 구체적인 내용을 다루고 있다. 핵심은 개별 금융사가 응용프로그래밍 인터페이스API를 의무적으로 구축해, 고객이 요구할 경우 제삼자를 통해 정보를 조회하고 지급 지시 등을 할 수 있어야 한다는 것이다.

오픈뱅킹 확대에 마이데이터 사업이 더해지면서, 앞으로 오픈 파이낸스Open Finance로의 전환이 더욱 가속화될 것으로 예상된다. 오픈 파이낸스란 오픈뱅킹을 상품 추가와 기능 확대 등으로 리테일과 모빌리티, 숙박·여행업 등까지 포괄적으로 확장하는 것으로, 금융권과 핀테크로 상호 개방한 금융 생태계다.[14] 글로벌 금융 산업의 흐름은 플랫폼을 통한 종합 서비스로 가고 있다.

13 https://www.deloitte.com/cbc/en/Industries/financial-services/perspectives/open-banking-around-the-world.html
14 https://www.jpmorgan.com/insights/payments/payments-optimization/open-banking-payments

03

트위터의 데이터는 펀더멘털, 시장심리 읽는 미 연준의 독보적 바로미터

소셜 미디어 엑스[1]는 실시간 정보 공유 플랫폼으로, 예전 이름은 트위터Twitter다. 사용자로서 트윗을 날리거나 읽는 것 외에 더욱 중요한 엑스의 기능이 있는데, 엑스가 '시장 분석을 위한 도구'로도 활용될 수 있다는 것이다. 트윗 수와 리트윗의 수, 그리고 '좋아요'의 수 등을 찬찬히 보면 상대방 엑스 계정의 활동 파악이 가능하다.

다른 소셜 네트워크와 마찬가지로, 트윗의 수가 많다는 것은 활동이 활발한 계정이라는 의미다. 리트윗의 수가 많으면, 이는 해당 사용자의 메시지가 다른 사용자에게 활발하게 공유되고 있

---

1   https://x.com

다는 것을 뜻한다. 특정 게시물에 '좋아요'의 수가 많으면, 이는 다른 사용자의 관심을 끄는 내용이라고 해석할 수 있다. 엑스의 계정으로 기업과 정부는 ① 브랜드 인지도 높이기, ② 고객과의 실시간 소통, ③ 트래픽을 통한 매출 증대, ④ 새로운 아이디어 발굴 등이 가능하다.

그러면 엑스를 가장 잘 활용하고 있는 곳은 어디일까? 바로 미국 연방준비제도이사회FRS, Federal Reserve System다. 엑스의 소유주인 일론 머스크Elon Musk는 연준을 경멸한다고 하지만, 연준은 되레 그를 추앙하고 있다. 이름을 '사이트 엑스'로 바꾼 옛 트위터 웹사이트의 데이터가 경제의 강력한 바로미터로 매우 유용하기 때문이다.[2] 제롬 파월Jerome Powell 전 미국 연준 의장은 원래부터 트위터로 경제 상황을 파악해 왔다.[3] 그는 게시물을 올리지는 않지만, 트위터 세상에서 벌어지는 경제 논쟁 가운데 관심이 가는 얘기들을 주워 담고 있다. 그를 비롯한 연준 인사들은 미국 경제계 '빅 마우스'들의 게시물을 꾸준히 모니터해 왔다.

그런데 미국인 전체 가입자가 날리고 읽은 '빅데이터로서의 트위터 게시물'을 생각하면 이야기는 완전히 달라진다. 이는 미국 경제에 대한 '절대적 바로미터'가 된다. 경제정책에 사용되

---

2   https://www.bloomberg.com/news/articles/2023-05-23/fed-index-built-from-4-4-million-tweets-predicts-size-of-hikes

3   https://www.cnbc.com/2019/12/10/the-twittersphere-may-be-shaping-the-federal-reserves-thinking-more-than-we-know.html

는 각종 지표가 현재의 급격한 변동성을 잡아내고 적기에 대응하게 해 주는지에 대해서는 그동안 의문이 많았다. 잘못되고 시차가 큰 데이터가 미치는 경제적 손실은 막대하다. 일례로, 미국의 경우 경기 침체에 진입한 2007년 12월에 연준이 금리를 거의 제로로 인하했다면 금융 위기로 인한 피해가 훨씬 적었을 것이라고 한다. 위기가 수치로 확인된 것은 그 1년 뒤인 2008년 12월로, 수백만 개의 일자리와 수조 달러의 손실이 초래된 이후였다. 2011년 유럽중앙은행은 일시적 인플레이션에 대응하다 금리를 잘못 인상해 유로 지역을 다시 침체에 빠뜨렸다. 국내총생산GDP이나 고용 수치 등은 집계에 몇 주 또는 몇 달이 소요되고, 크게 틀리기도 한다. 생산성은 정확하게 계산하는 데 몇 년이 걸린다. 이렇다 보니 중앙은행들이 눈을 감은 채 통화정책을 운영하고 있다고 비판받기도 한다.[4]

그런데 엑스는 미국 경제의 펀더멘털 트렌드와 시장심리를 보여주는 지표 역할을 톡톡히 하고 있다. 물론, 메타Meta와 레딧Reddit 등의 소셜 미디어들도 같은 역할을 기대할 수 있다. 하지만 엑스는 시장 트렌드와 심리 등 경제 신호의 해독에 단연 독보적이다. 연준이 2023년 발표한 세 편의 논문에서 이 플랫폼의 경제

---

4 https://www.economist.com/leaders/2021/10/23/a-real-time-revolution-will-up-end-the-practice-of-macroeconomics

적 기여도를 탐구했다.[5]

첫 번째 논문은 엑스에서 주가와 채권 수익률의 단기 움직임을 예측하는 시장지표 역할을 발견했다. 공저자들은 440만 건의 트윗을 걸러, 트위터 금융심리지수TFSI, Twitter Financial Sentiment Index를 작성했다.[6] 이용자들의 게시물을 통해 금융시장의 심리를 파악할 수 있는 인덱스를 만들어 금융시장에 대한 트윗의 언급이 긍정적인지, 부정적인지 등을 수치화했다. 이 논문은 0을 기준으로 숫자가 클수록 금융시장과 관련된 심리가 부정적이고, 숫자가 작을수록 긍정적인 상황을 나타내도록 지수를 설계했다고 설명했다. 예상치 못한 통화 긴축이 발생했을 때, 시장에서 발생하는 부정적인 심리 등을 파악할 수 있다.

〈단어 그 이상: 트위터 수다와 금융시장 심리More than Words: Twitter Chatter and Financial Market Sentiment〉라는 제목의 이 논문은 2007년부터 2023년까지 작성된 트윗 가운데 연준, 부채, 금리, 시장, 자산, 기업공개IPO, 유동성 등의 단어가 포함된 게시물을 분석했다. '본드Bond'라는 단어에 '기업'이나 '쿠폰'과 같은 단어가 붙으면 채권, 고정이자 소득과 같은 의미로 이어질 수 있다.

분석 결과, 이 트위터 금융심리지수는 2020년 코로나19에 따

5   https://www.economist.com/finance-and-economics/2023/08/07/elon-musks-plans-could-hinder-twitternomics
6   https://www.federalreserve.gov/econres/feds/more-than-words-twitter-chatter-and-financial-market-sentiment.htm

른 경기 침체, 2022년 우크라이나 전쟁, 2023년 실리콘밸리은행 사태 등 금융시장에 주요한 이벤트가 있을 때마다 상승하는 것으로 나타났다. 신용위험을 반영하는 회사채 스프레드the Baa corporate bond spread 지표나, 미시간대학 소비심리지수the University of Michigan Consumer Sentiment index 같은 시장심리지수와도 높은 연관성을 보였다. 미국의 정책금리 결정과 관련된 시장심리도 트위터 금융심리지수에 반영됐다. 미 연방공개시장위원회FOMC, The Federal Open Market Committee 일정 전후로 시장의 충격 정도를 예측하는 데도 유용했다. 연준이 완화적인 통화정책을 결정했을 때는 유의미한 상관관계가 없었지만, 긴축에 나서기 전후로는 지수가 상승했다. 미 연방공개시장위원회 회의 첫날 이후 트위터 분위기는 다음 날 있을 성명 발표와 관련해 통화정책 충격 규모를 예측할 수 있었다.

이 논문은 트위터 금융심리지수를 통해 S&P500 지수의 수익률도 예측할 수 있다고 했다. 컴퓨터에 데이터를 넣어 학습시키는 머신러닝Machine Learning(컴퓨터에 데이터를 주고 마치 사람처럼 학습하게 만들어 새로운 지식을 얻어내는 알고리즘)으로 각 트윗의 감정을 측정해 회사채 스프레드(수익률 차이)와의 상관관계를 찾아냈다. 연구 결과, 주식시장 개장 전의 야간 지수가 다음 날 주식·국채 수익률과 꼭 들어맞았다고 한다. 금융시장 마감 뒤 트위터에 올라오는 게시물의 심리가 악화할수록 다음 영업일의 주식 수익률도 낮아진다는 것이다. 트위터 자료는 기존 조사와 비교해 광범위한 참여자들의 인식을 파악할 수 있게 하는 장점이 있고, 연준이 접근하기 어려운 인구 집단에 다가갈 수 있게 하는 정보 전달 통로로 기능할 수 있다고 논문은 주장했다. 다만, 트윗의 주제가 너무 다양해, 연구 주제에 적합한 트윗을 확보하기가 쉽지 않았다고 덧붙였다.

두 번째 논문은 트위터를 활용한 일자리 등 노동시장의 시차 없는 즉각적 경제 상황을 측정했다. 논문은 트위터 데이터에서 도출한 일자리 감소 관련 개별 지표도 만들었다. 공저자들은 '실직', '해고 통지서'와 같은 키워드가 포함된 게시물을 역시 머신러닝으로 분석했다. 연구 결과, 2020년 코로나19 팬데믹 때 트위터 분석은 고용 붕괴 감지를 열흘가량 앞서 제공할 수 있었다. 이는 현재 미국 노동부가 매주 발표하는 주간 실업수당 청구 건수를 넘어서 특정 시기의 실업 흐름을 예측하는 데 도움이 될 것으로 연구진은 기대하고 있다.

세 번째 논문은 트위터가 가진 통화정책에 대한 신호탄 역할을 분석했다. 연구 결과, 정책 발표 당일의 충격 예측에 트위터가 유용했다. 트위터 감정지수는 경제정책 발표를 앞두고 시큼하게 변하는 경향을 보였다. 인과관계가 아니라, 이미 금융시장에 퍼져 있는 광범위한 감정을 반영한다는 것이다. 트윗은 이 감정을 측정할 수 있는 추가적 방법을 제공해 매우 유용했다.

연준은 트윗의 양만으로도 각국의 경제 건전성 등 국내총생산GDP 변화를 약 4분의 3가량 설명할 수 있다고 한다. 특히 가난한 국가들에서는 야간 조명으로 촬영한 위성 이미지 분석보다 트위터 조사가 더 나은 결과를 가져왔다.

그런데 이처럼 경제적으로 유용한 트위터는 왜 돈을 벌지 못하고 머스크에게 넘어갔을까? 공공재 성격이 강했기 때문이라는 게 중론이다. 트위터는 마치 공원 같은 '공동의 디지털 마을 광장' 이어서 요금 부과가 어려웠다. 그런데 머스크는 여기에 유료 요금제를 도입했다. 광고의 유무 등에 따라 전체 광고 노출 월 3달러(약 4,383.30원, 베이직), 절반 광고 노출 8달러(약 1만 1,688.80원, 프리미엄), 광고 없는 16달러(약 2만 3,377.60원, 프리미엄+) 등으로 나눴다.

대형 은행이 트위터의 게시물로 파산하는 시대… 철저한 사전 발견이 해법

"실리콘밸리은행Silicon Valley Bank[7]은 트위터 때문에 파산했다." 경제 진단의 바로미터로 활용되는 엑스(옛 트위터)가 때로는

---

7 https://www.svb.com

뱅크런(대규모 예금 인출 사태)을 유발해 금융 붕괴를 일으킬 수 있다. 아니, 이제는 은행으로 뛰어가 그 앞에서 장사진을 치고 기다릴 필요도 없다. 휴대폰에서 은행 앱을 켜 손가락으로 내 돈을 다 빼내면 그만이다. 소셜 미디어에 게시된 부정확한 정보나 루머로 은행이 문을 닫을 수 있는 시대다.

총자산 규모 2,120억 달러(약 309조 7,956억 원)로 미국에서 16번째로 큰 은행이던 실리콘밸리은행은 벤처 투자자들과 스타트업 창업자 등 테크 업계에서 가장 인기 있는 은행이었다. 실리콘밸리은행은 2023년 3월 재무상태표에 트위터 등 온라인상에서 우려가 증폭돼 결국 무너져 내렸다. 실리콘밸리은행의 몰락에 대해 미국 하원 금융서비스위원회 위원장인 패트릭 맥헨리Patrick McHenry 공화당 의원은 "실리콘밸리가 촉발한 최초의 뱅크런"이라고 명명했다.[8] 실제로 엑스 등 소셜 미디어는 실리콘밸리은행과 관련해 패닉에 빠진 사람들에게 더욱 많은 정보를 퍼뜨렸다. 예금자들은 새로운 디지털 금융 도구인 모바일 앱 덕분에 위기 상황이 닥치자마자 스마트폰을 통해 자금을 꺼내 가 버렸다.

1984년에는 예금자들이 은행에 맡긴 자금 가운데 절반을 인출하는 데 일주일이 걸렸다.[9] 그로부터 39년 뒤에는 이 은행의 재무상태표에 대한 우려가 제기되자 당황한 고객들이 단 하루에

---

8   https://edition.cnn.com/2023/03/14/tech/viral-bank-run/index.html
9   https://www.ft.com/content/b0865633-82f2-4a49-ae0e-3bc0d1087a31

420억 달러(약 61조 3,746억 원)를 인출했다. 이는 은행의 파산으로 이어졌다. 디지털화에 따른 금융환경의 변화가 패닉을 급속히 확산시킨 것이다. 금융 안정성이 특히 소셜 미디어로 인해 새로운 위기 국면에 접어들었음을 보여주는 상징적 사건이다.[10]

이를 보면, 은행 등 금융사들을 포함한 모든 기업은 내부통제를 더욱 철저히 해 구설의 빌미를 주지 말아야 한다. 이와 함께 소셜 미디어 게시물들에 대한 실시간 모니터링을 더욱 강화하는 것이 시급하다. 게시물의 맥락에 따라 사람들이 무엇을 이야기하고 있는지 파악하고, 특정 주제에 대한 논의가 임계치에 도달하기 전에 바로 대응할 수 있는 시스템이 절대적으로 필요해졌다. 엑스를 비롯한 소셜 미디어의 책임도 크다.

이와 관련해 엑스에 대한 유럽연합의 조치가 관심을 끈다.[11] 유럽연합은 2023년 10월 이스라엘-하마스 전쟁 발발 직후 엑스에 전쟁 관련 허위 정보와 불법 콘텐츠가 범람한 데는 이 회사의 관리 소홀 책임이 있다며 조사를 벌였다. 결과에 따라 엑스는 매출의 6%에 해당하는 수천억 원의 과징금을 물어야 할 수 있다. 경쟁 소셜 미디어인 메타^{Meta}와 틱톡^{TikTok}은 대응 인력을 각각 1,000여 명 배치했다.[12]

---

10 https://fortune.com/2024/05/15/banking-crisis-regulator-social-media-run-twitter-inca

11 https://www.bloomberg.com/news/articles/2024-07-04/musk-s-x-to-get-final-eu-warning-over-dangerous-content

2018년 유럽연합에서 시행된 개인정보의 보호 규정은 기업의 개인 데이터 사용에 대한 시민의 권리를 보호하기 위해 마련됐다. 독일연방 카르텔청은 이번 판결에 대해 데이터 경제에서 사용되는 비즈니스 모델에 '광범위한' 영향을 미칠 것이라고 했다. 데이터가 시장 지배력에 결정적인 영향을 미치는 디지털 경제에서 대형 인터넷 기업이 소비자의 '매우 개인적인 데이터'를 사용하는 것은 경쟁법상 '남용'으로 간주할 수 있다. 유럽은 사법부뿐 아니라 입법부와 행정부에서도 글로벌 플랫폼 기업에 대한 강경 정책을 벌이고 있다. 대표적인 정책이 유럽연합이 글로벌 빅테크 기업의 시장 지배력 남용 행위를 억제하자는 취지로 2022년 제정한 디지털시장법DMA, Digital Markets Act이다. 유럽연합 집행위원회European Commission가 빅테크 등 디지털 플랫폼 기업들의 반경쟁적 행위를 규제하기 위해 만든 법이다.

이 디지털시장법은 시장 점유율이 일정 수준 이상인 디지털 플랫폼 기업을 '게이트 키퍼(사회적 사건이 대중 매체를 통해 사람들에게 전달되기 전에 미디어 기업 내부의 각 부문에서 필요한 내용을 선택하고 검열하는 직책)'로 지정했다. 적용 대상은 시가총액이 750억 유로(약 112조 5,315억 원) 이상이거나 연 매출이 75억 유로(약 11조 2,531억 5,000만 원) 이상인 기업 중 월간 사용자가 4,500만 명(기업

---

12   https://www.euractiv.com/section/law-enforcement/news/analysis-big-techs-
     compliance-efforts-as-eu-digital-services-act-is-enforced

고객 1만 개)을 넘는 기업이다. 아마존Amazon, 메타Meta, 마이크로소프트Microsoft, 애플Apple, 그리고 구글의 모회사인 알파벳Alphabet 등이 이에 해당한다. 유럽연합은 이들이 각각 운용 중인 운영 체제와 소셜 미디어, 검색엔진, 온라인 광고 서비스 등 총 20여 개 서비스에 별도 의무 사항을 부과했다. 플랫폼에서 자사 서비스를 우대하는 행위는 금지됐다. 법 위반 시 연간 글로벌 매출의 10%까지 과징금이 부과된다.[13]

2024년 들어 애플, 마이크로소프트, 메타 등 3사는 디지털 시장법의 위반 판정을 받았다. 메타는 맞춤형 광고 서비스를 도입하면서 디지털시장법을 위반했다.[14] 이 회사는 2023년 유럽에서 유료 서비스에 가입하지 않은 사람들에게 개인 맞춤형 광고를 내보내는 서비스를 시작한 것이 문제가 됐다. 유럽연합은 이를 시장 경쟁을 저해하는 행위, 즉 월권이라고 판단했다. 메타가 ① 사용자들에게 돈을 내거나, ② 이게 아니면 사용자의 개인정보가 광고에 이용되는 것을 허용하라고 양자택일을 강요했다고 본 것이다.

---

13 https://www.reuters.com/technology/big-techs-core-businesses-face-overhaul-under-eu-tech-rules-2023-09-06
14 https://ec.europa.eu/commission/presscorner/detail/en/ip_24_3582

스타벅스는 커피점으로 위장한 사실상의 은행, 그러나 지급준비금도 안 갖춰

전 세계 주요국의 대도시라면 어디에서나 쉽게 눈에 띄는 스타벅스Starbucks1는 미국 시애틀에 본사를 둔 국제적인 커피숍 체인이다. 2024년 현재 80여 개국에 3만 5,000여 곳의 매장을 두고, 38만여 명의 직원이 근무 중이다.

스타벅스의 커피 쿠폰은 모바일로 케이크와 함께 구매해 소셜 미디어를 통해 지인들에게 선물을 주거나 받는다. 한국에서는 관혼상제를 치른 뒤, 답례품으로도 인기다. 직장에서의 밀린 회식을 이것으로 대체하기도 한다. 이 커피 쿠폰은 선불 충전금의 일종으로, 상품과 서비스 이용을 위해 고객들이 특정 앱에 미

1   https://www.starbucks.com

리 예치하는 돈을 가리키는 용어다. 해당 플랫폼에서 '미래 소비'를 담보하는 만큼, 선불 충전금은 고객 충성도의 척도가 된다. 스타벅스의 선불 충전금 규모는 2023년 4월 2일 기준으로 무려 18억 달러(약 2조 6,307억 원)로,[2] 전 세계 스타벅스의 선불 충전금이 국내 전체 선불 예치금의 3배에 달했다. 2023년 1분기 기준으로 한국 주요 8개 선불 전자지급 업체의 선불 충전 예치금 잔액은 8,000억 원가량이다.

스타벅스가 만약 은행이라면? 이는 예금 규모를 기준으로, 미국의 연방예금보험공사FDIC, Federal Deposit Insurance Corporation가 커버하는 은행 가운데 상위 10% 내에 드는 규모다. 스타벅스 앱은 월간 활성 사용자MAU, Monthly Active User가 2023년 약 3,100만 명이다. 당시 손꼽히는 챌린저 뱅크 차임Chime의 계좌 가입자는 2,200만 명이었지만, 월간 사용자는 스타벅스에 훨씬 못 미친다. 같은 해, 구글페이Google Pay(2,500만 명)와 삼성페이Samsung Pay(1,630만 명) 월간 사용자보다 훨씬 앞섰다.

스타벅스는 디지털 결제의 핀테크 회사일 뿐 아니라, 사용자의 엄청난 돈을 저장하고 관리하는 실질적인 은행이 됐다. 규제받지 않는 커피숍으로 세계에서 가장 큰 은행을 은폐하는 수단이 돼 버렸다.[3] 은행으로서의 스타벅스는 사용자의 시각적 사용

---

2   https://www.ft.com/content/5e9f8a46-1b3f-44c3-b19d-0eeb2d01eb64

자 인터페이스/사용자 경험UI, User Interface/UX, User eXperience도 훌륭하다. 미국의 모든 소매 주문의 4분의 1이 휴대전화 앱을 통해 이루어진다. 스타벅스 앱을 통한 사전 주문은 특히 팬데믹 기간 동안 매장에 더 빨리 출입할 수 있도록 활성화됐다. 스타벅스는 2015년에 '모바일 주문 및 결제' 서비스를 출시하여 매장에서 픽업할 수 있도록 미리 주문할 수 있는 새로운 온라인 주문 기능을 강화했다.[4]

스타벅스의 선불 충전 유도를 위한 비결 중 하나는 리워드 프로그램이다. 스타벅스 앱을 통해 구매할 때마다 1,000원 이상 결제 건에 대해 일종의 보상을 '별'이라는 형태로 받는다. 충분한 별을 모으면 무료 커피로 교환할 수 있다. 현금이나 카드로 결제만 하면 우리는 리워드를 받지만, 향후 주문에 사용할 스타벅스 계정에 미리 돈을 충전하면 리워드가 두 배로 늘어난다. 이는 의도된 인센티브다. 이 앱이 제공하는 리워드 프로그램을 활용해 스타벅스는 고객의 수조 원대 현금을 이자 한 푼 안 주고 운용하고 있다. 이 정도면 스타벅스는 '커피숍으로 위장한 은행'이라고 부를 만하다. 아니, 스타벅스는 은행보다 더 낫다. 건전성 등 금융규제를 일체 받지 않는다. 고객들로부터의 뱅크런(대규모 예금

---

3   https://medium.com/the-springboard/starbucks-is-bank-not-a-coffee-shop-2e8dcc3085f2

4   https://www.theverge.com/2020/10/30/21540908/starbucks-app-q4-earnings-mobile-payments

인출)에 대비한 지급준비금도 필요 없다. 대신, 커피와 스낵만 비축하고 있으면 된다.

스타벅스는 고객들에게 기프트 카드를 통해 계좌에 미리 돈을 충전하도록 유도하고 있다. 응하지 않는 고객들은 애플페이Apple Pay 또는 결제 카드를 앱에 연결하도록 계속 넛지(유도) 당한다. 이렇게 선불 충전된 유휴현금은 스타벅스에 무이자 자본, 즉이 회사의 '공짜 돈'이 된다. 게다가 사용되지 않아 불용 처리된 기프트 카드의 소위 '파손 물건 수익'까지 스타벅스는 공짜로 모두 차지한다. 이 낙전 수익의 금액만 2억 달러(약 2,923억 원)에 육박한다. 이에 대해 미국 소비자 단체들은 스타벅스가 기프트 카드와 앱 결제를 통해 고객을 착취해 낙전 수입(특정 기간 동안 사용되지 않고 남아 있는 자금에서 발생하는 이자 수익 또는 기타 수익. 주로예금, 선불금, 미지급 금액 등에서 발생)을 챙겼다고 비난하고 있다. 이 회사가 5년간 이를 통해 거둔 수입이 9억 달러(약 1조 3,153억 5,000만 원)에 가깝다.[5] 스타벅스의 노동조합 역시, 2022년 이 같은 미사용 기프트 카드가 어떻게 쓰이는지 조사해 달라고 미국 증권거래위원회SEC, Securities and Exchange Commission에 문제를 제기했을 정도다.[6] 2023년 실리콘밸리은행 사태 이후로 미국의 중·소형

---

5   https://fortune.com/2024/01/03/starbucks-app-dark-side-unspent-payments-900-million-5-years

6   https://www.bloomberg.com/news/articles/2022-11-16/starbucks-181m-in-unused-gift-cards-sparks-complaint-to-sec-sbux?leadSource=uverify%20wall

대출기관들은 예금유치에 고군분투 중인데, 스타벅스만은 딴 세상에 있는 듯하다.

이 돈으로 스타벅스는 무엇을 하게 될까? 온라인 중개로 피투피P2P, Peer-To-Peer(온라인을 통해 대출과 투자를 연결하는 핀테크 서비스) 결제를 시도할 수 있다. 또는 스타벅스 생태계의 확장을 위해 마치 상품권처럼 다른 소매업체에 지급 결제를 허용할 가능성도 있다. 스타벅스는 미국 핀테크 업체 스퀘어Square와 투자은행 제이피 모건JP Morgan, 영국 은행 바클레이Barclay와 협력한 바 있다. 애플페이, 비자Visa와 협업하면서 결제 경험을 개선해 온 경험도 갖고 있다. 스타벅스는 2018년 가상화폐 결제 허용 계획을 발표했고, 최근에는 가상화폐 지갑 공급 업체인 백트Bakkt와도 협력했다. 2023년부터 스타벅스 고객은 앱을 사용해 비트코인Bitcoin 등 가상화폐를 사용해 결제할 수 있다.[7]

한편, 스타벅스의 한국 내 선불 충전금 역시 시중의 중형 저축은행 규모에 맞먹을 정도로 빠르게 불어나고 있다. 2022년 한 해 국내 스타벅스에 신규로 쌓인 선불 충전금은 3,402억 원으로 2021년(1,848억 원)보다 84%나 급증했다. 2018~2020년까지 3년간 한국 스타벅스의 3년간 선불 충전금 증가율은 연평균 20%대였다. 팬데믹 사태 이후, 회식비나 대면 선물의 대안으로 스타벅

---

7   https://finbold.com/banking-business-starbucks-holds-over-1-8-billion-in-customer-deposits

스 선불충전이 애용된 것으로 해석된다.

　금융권에서는 스타벅스의 선불 충전금이 일체의 감독을 받지 않고 있다는 점에 대해 문제를 제기했다. 스타벅스가 자금난에 빠질 경우, 선불 충전금을 환불해 줄 고객 보호 장치가 없다는 것이다. 카카오페이나 네이버파이낸셜처럼 등록된 전자금융업자는 2022년 9월부터 금융감독원의 가이드 라인에 따라 선불 충전금의 절반 이상을 은행 등 외부 기관에 신탁하고, 분기마다 공시하게 됐다. 하지만 스타벅스는 전자금융거래법상 등록 대상에서 빠져 있다.

골드만삭스도 인터넷은행에 실패, 디지털 네이티브여야 살아남는다

　마커스Marcus8는 세계 최대의 투자은행 골드만삭스Goldman Sachs가 2016년 설립한 모바일 소비자 금융 은행의 브랜드다. 하지만 전통 금융의 최강자인 골드만삭스는 마커스에서 처참하게 실패했다. 커피 전문점 스타벅스가 '그림자 은행'으로 몸집을 크게 불릴 때, 이 초대형 은행은 모바일 금융에서 쓴맛을 봐야 했다.

8　https://www.marcus.com

마커스는 골드만삭스의 창업자인 마커스 골드만$^{Marcus\ Goldman}$의 이름을 따 2016년 출범했다. 정식 명칭은 마커스 디지털 리테일 뱅크$^{Marcus\ Digital\ Retail\ Bank}$로, 출범 이전부터 글로벌 금융계의 큰 관심을 모아 왔다.[9]

골드만삭스는 마커스를 설립하며, 빠르게 성장하는 소비자 부문으로 업무를 확장하려 했다. 전 세계로의 개인 송금도 원했다. 이 회사는 자금을 싸게 조달하기 위해 더 많은 예금을 유치하려 했다. 기술 전문가 집단을 고용했고, 이를 통해 자기자본이익률 ROE, Return On Equity(순이익을 자기자본으로 나눈 비율. 투입한 자기자본이 얼마만큼 이익을 냈는지 보여주는 지표)을 14%로 높이려는 목표를 세웠다. 당시 마커스는 상대적으로 신용 점수가 높은데도 상당한 카드빚을 지고 있는 사람들에게 초점을 맞춰 더 낮은 이율로 이들을 포용할 것을 천명했다. 그러나 리스크가 컸던 서브프라임 대출자는 대출 수익률이 좀 더 높지만, 목표 대상으로 삼지는 않을 것이라고 말했다.

골드만삭스가 마커스를 설립할 당시, 이는 그럴듯했다. 그들은 이미 은행 라이선스, 막대한 재무상태표, 그리고 까다로운 규제 기관을 상대한 경험이 있었다. 무담보 대출과 저축 계좌를 제공함으로써 골드만삭스는 자기자본이익률을 10%대 중반으로

---

[9]   https://www.wsj.com/articles/goldmans-new-name-to-beckon-consumers-marcus-1471571867?mod=article_inline

올릴 수 있다고 봤다. 2017년 당시 재무 책임자였던 마티 차베즈 Marty Chavez는 "이는 투자를 정당화하기에 충분하다"라고 설명했다. 금융권에서 소비자 뱅킹은 여전히 수익성이 높다. 2023년 제이피 모건과 뱅크오브아메리카Bank of America의 소매 부문은 모두 약 35%의 자기자본이익률을 달성했다.[10]

마커스를 출범시키며 골드만삭스는 전통적인 투자은행 업무로부터 '플랫폼 비즈니스'로 핵심사업 모델을 전환하려 했다. 금융 서비스에 대해 골드만삭스는 '플랫폼 싸움이 됐다'라고 판단했기 때문이다. 이 회사는 지난 2015년 "더 이상 금융회사가 아니라 정보기술IT 기업"이라고 선언한 바 있다. 골드만삭스는 뱅크오브아메리카, 제이피 모건 등 상업은행들과 경쟁하려 했고, 이를 위해 저원가성 예금(금리가 연 0.1% 수준에 불과한 요구불예금, 시장금리부 수시입출금식예금MMDA) 수취를 목표로 삼았다. 마커스는 미국에서 다른 은행 평균의 10배나 되는 4%대 중반의 고수익 저축 계좌High Yield Savings Account를 내세웠다.

마커스의 모바일 앱은 잡다함 없이 깔끔했다. 클릭 몇 번으로 계좌를 개설할 정도로 편리했다. 최소 예치 금액과 월 수수료 등도 없다. 학생이나 기존 은행 계좌가 없던 이들에게도 사용에 부담을 주지 않았다. 월 인출 한도도 12만 5,000달러(약 1억 8,270만

---

10   https://www.reuters.com/breakingviews/goldmans-marcus-is-lesson-self-made-
       failure-2023-02-02

원)로 넉넉했다. 애플과 카드 제휴에 이어, 온라인 주택담보대출 회사를 인수해 플랫폼을 구축했다. 골드만삭스가 잘할 수 있다고 믿은 신용 점수 시스템, 알고리즘, 리스크 매니지먼트 등을 기반으로 개인에게 3만 달러(약 4,383만 원)까지 대출해 주기 시작했다. 한국 등의 인터넷 전문은행처럼 별도의 지점을 두지 않고 운영됐다. 케이뱅크 등이 마커스의 벤치마킹에 열심이었다.

하지만 골드만삭스의 명성에도 불구하고 그간의 경영 성과는 형편없었다. 지난 2020년 이후 3년간 무려 30억 달러(약 4조 3,830억 원)의 손실을 기록했다.[11] 골드만삭스는 금융 분야에서 가장 똑똑한 사람들을 채용한다고 알려져 있는데, 대체 왜 실패한 것일까? 결론부터 말하자면, 고객 데이터가 충분하지 않았다. 무엇보다 리스크 관리가 신생 벤처보다도 못했다. 미 연준의 조사 결과로는 골드만삭스 소비자 대출은행의 '대손충당금(외상 매출금이나 대부금 따위의 재무상태표에서 자산으로 표기되는 채권 가운데 돌려받지 못할 것이 예상되어 장부상으로 처리하는 추산액)', 즉 회수불능 대출에 대한 처리 비용의 부실이 문제였다.[12] 마커스의 '대손충당금' 비율은 타사보다 무려 두 배나 높았다. 골드만삭스는 짧은 업력 때문에 연체 고객을 걸러낼 데이터가 아직 불충분

---

11 https://www.wsj.com/articles/goldman-sachs-lost-3-billion-on-consumer-lending-push-11673616202?mod=Searchresults_pos1&page=1

12 https://www.wsj.com/articles/federal-reserve-probes-goldman-consumer-business-11674232252?page=1

하다고 변명했다. 하지만 진짜 문제는 어펌^{Affirm} 같은 신생의 선구매 후결제^{BNPL, Buy Now Pay Later} 스타트업보다도 못한 신용관리에 있었다. 어펌의 대손충당금은 마커스의 절반에 그쳤다. 골드만삭스 전체에서 마커스의 사업 비중은 자본의 4%이지만, 비용은 10%나 차지했다.[13]

미 연준은 마커스가 몸집을 불리는 과정에서 소비자 대출 비즈니스 내부에 모니터링과 제어 시스템을 적절히 갖추지 못했다고 봤다. 이 때문에 골드만삭스는 2023년 초부터 소비자 금융을 축소해야 했다. 개인 대출은 중단하고, 당좌예금 계좌 제공 계획은 취소됐다. 자기자본이익률을 기준으로 평가한 이 회사의 2022년 4분기 실적은 10년 만에 최악의 수준을 기록하면서 연준의 조사를 자초했다.[14] 결국, 마커스의 부실 때문에 골드만삭스 역사상 가장 큰 조직 개편을 단행해야 했다.[15] 2023년 1월 골드만삭스의 컨퍼런스콜에서 당시 최고경영자 데이비드 솔로몬^{David Solomon}은 "너무 많은 일을, 너무 빨리하려고 노력했다"라면서 "광범위한 야망을 실현할 재능이 부족했다. 투자은행가로서 소비자

---

13 https://www.economist.com/briefing/2023/01/26/how-goldman-sachs-went-from-apex-predator-to-wall-street-laggard
14 https://www.economist.com/leaders/2023/01/26/the-humbling-of-goldman-sachs
15 https://www.wsj.com/articles/goldman-sachs-is-dressing-for-the-bank-it-wants-to-be-11666124896

금융을 몰랐다"라고 실토했다.[16] 골드만삭스는 2024년 들어서는 마커스에서 450억 달러(약 65조 7,675억 원) 상당의 투자 사업부를 떼어내, 디지털 투자자문회사인 베터먼트Betterment에 매각했다.[17] 골드만삭스는 이제 소비자금융에 대한 야망을 축소해 마커스의 자산관리 사업을 접고 그간의 프로젝트를 일시 중지하는 과정에 있다.[18]

마커스 대신, 골드만삭스는 월스트리트를 고수하면서 부유층의 자산관리에 집중했어야 했다는 비판이 거세다. 전통 금융으로 매진해 온 경쟁사들의 성과는 뛰어나다. 2019년부터 골드만삭스가 소비자 은행에 더욱 집중할 때, 모건 스탠리Morgan Stanley는 자산관리 비즈니스를 2배나 늘리며, 자산운용사인 이튼 밴스Eaton Vance와 소매 중개업인 이*트레이드e*trade를 인수했다. 골드만삭스의 주가순자산비율PBR, Price Book Value Ratio(주식가격을 1주당 자산가치로 나눈 비율)은 1999년의 경우 4배에 달했지만, 최근에는 청산 수준인 1배로 떨어졌다. 반면, 경쟁사인 모건 스탠리는 주가순자산비율은 1.7배다. "2010년에 골드만삭스에 투자한 1달러(약 1,461.5원)는 오늘날 1.60(약 2,338.4원) 달러의 가치가 있다. 제이

---

16   https://www.economist.com/finance-and-economics/2023/01/17/investment-banks-are-struggling-in-a-high-interest-rate-world
17   https://www.marketwatch.com/guides/banking/marcus-by-goldman-sachs-review
18   https://www.ft.com/content/a3025390-63f6-4e39-8ce1-b2321148d1b0

피 모건에 투자했더라면 4.10달러(약 5,992.2원)가 됐다"라는 목소리가 나오고 있다.[19]

과거 골드만삭스는 미국 재무부의 '회전문'이라고 불렸다. 헨리 폴슨Henry Paulson이 대표적 사례이다. 2006년 7월~2009년 1월 미 재무부 장관을 지낸 헨리 폴슨은 입각 직전까지 골드만삭스 최고경영자를 맡았다. 골드만삭스와 미국 재무부는 장·차관과 주요 간부들로의 진출입도 빈번했다. 미 연준과 세계은행World Bank은 물론, 유럽중앙은행ECB, European Central Bank과 호주, 이탈리아 정부 등을 이 회사의 동문들이 이끌었다. 그래서 골드만삭스는 "어디에나 있고, 모든 것을 알고, 전지전능하다"라는 신화가 만들어졌다. 이 회사로의 취업은 야심 있는 젊은이들에게 부와 권력을 얻는 편도 티켓으로 인식됐고, 충성도는 높을 수밖에 없었다. 그러나 이제는 대부분이 이 신화를 인정하지 않는다. 실적이 이를 웅변한다. 골드만삭스는 이제 '월가의 굼벵이'로 전락하고 말았다.

---

19 https://www.economist.com/finance-and-economics/2022/10/18/goldman-sachss-disastrous-main-street-gamble

PART 2

빅테크 업계의
금융 융합

빅테크 업계는 전통적인 금융 시스템을 파괴적으로 혁신하는 동시에, 새로운 도전과제를 만들어 내고 있다. 그 영향은 금융의 디지털화, 사용자 경험의 개선, 금융 접근성 확대, 그리고 규제 문제 등에서 뚜렷하게 드러난다.

　테크기업은 기존 금융 서비스의 디지털 전환을 급가속화하고 있다. 이에 따라 전통적인 금융 시스템보다 더 효율적이고 사용자 친화적인 서비스가 가능해졌다. 애플페이, 구글페이, 아마존페이 등 빅테크가 제공하는 모바일 결제 시스템은 사용자들에게 더 빠르고 편리한 결제 경험을 주고 있다. 이는 전통적인 은행이나 카드 결제 시스템을 보완·대체해, 사용자들에게 더욱 손쉬운 금융 거래를 서비스한다.

　애플과 구글, 아마존뿐 아니라 알리바바, 위챗WeChat 등은 대출 서비스 등 금융상품으로의 접근을 더욱 손쉽게 하고 있다. 신용

기록이 부족한 개인이나 소규모 기업들이 자금을 조달하는 데도 도움을 주고 있다. 이들 빅테크는 기존 금융기관들이 소극적인 모습을 보였던 피투피 대출, 핀테크 보험 등에서 더 활발히 활동하며 금융 산업의 경쟁 구도를 재편하고 있다.

빅테크가 금융과 깊이 융합하면서 정부 규제의 필요성도 커지고 있다. 빅테크는 방대한 사용자 데이터를 보유하고 있기 때문에, 개인정보 보호와 금융정보 보안 문제가 주요한 이슈로 떠오르고 있다. 빅테크가 사실상 금융 시스템의 일부를 차지하게 되면서 전통 금융기관이 받는 규제와 유사한 규제를 요구하는 목소리도 커지고 있다. 그러나 애플과 아마존을 위시한 이들 빅테크는 기존 금융사들을 하위 파트너로 삼아 정부 규제를 우회하려는 움직임을 보인다.

글로벌 빅테크들은 산업자본으로 금산분리의 대상이다. 비금융 주력자로 주요 선진국에서는 은행을 지배하기 어렵다. 그런데 이들 빅테크는 은행 라이선스 없이 기존 은행을 하위 파트너로 삼아 이미 금융에 깊숙이 들어와 있다. 애플은 심지어 골드만삭스를 자사 저축계좌에 대한 무명의 서비스형 인프라^{IaaS}(표준화된 솔루션을 사용하지 못할 때 가상 서버에 컴퓨터 사용 환경과 서비스를 구성하고 관리할 수 있게 하는 서비스) 사업자로 만들어 하청화했다. 애플 못지않게 아마존도 대출, 결제, 예금 등 금융사업을 본격화하고 있다. 이들은 모두 '고객 경험 강화'를 목표로 한다.

반면, 구글은 애플에 비해 은행업에 다소 소극적이다. 금융보다 자사의 클라우드(기업 내에 서버와 저장장치를 두지 않고 외부 중앙컴퓨터에 아웃소싱해 쓰는 서비스) 등 신사업을 우선시하는 모습이다. 한편, 페이팔은 다른 빅테크 회사보다 한발 더 나아가 주류 회사들 가운데 처음으로 스테이블코인(법정화폐와 연동돼 가격 변동성을 최소화하도록 설계된 가상화폐)을 출시하며 금융 융합을 본격화하고 있다.

빅테크가 금융을 장악하게 될 경우, 소수의 몇몇 대기업이 금융을 지배할 가능성이 커진다. 이는 금융 시스템의 안정성에 잠재적인 위험을 초래할 수 있다. 이에 따라 각국 정부는 빅테크 규제를 잇달아 강화하고 있다. 중국 정부는 앤트그룹^{Ant Group}의 상장을 불허하는 등 금융 서비스 확장에 제동을 걸고, 미국과 유럽연합도 빅테크들의 금융 서비스 진출에 대해 규제 논의를 진행하고 있다.

글로벌 결제시장에서는 애플 등이 주도하는 비접촉식 '근거리 무선통신'과 사각형 바코드 큐알^{QR} 결제가 경쟁하고 있다. 이 중 큐알 결제는 싱가포르가 주도하는 동남아시아 국가들이 중남미 국가들과 함께 보급에 앞장서는 모습이다. 모바일 금융의 발전은 스마트폰의 보급에 힘입은 바가 크다. 스마트폰은 인공지능 기술이 장착된 레이밴 스타일의 안경으로 대체될 가능성이 제기되고 있다. 차세대 모바일 금융은 홍채와 음성인식 기술 위에서 진화할 것으로 예상된다.

　금융으로 뛰어든 빅테크들은 저마다 '슈퍼 앱Super App'을 꿈꾸고 있다. 중국의 위챗처럼, 엑스 등은 금융은 물론 쇼핑, 배달, 통신 등을 앱 하나로 구현하려 한다. 한국의 금융지주 등 주요 금융사들도 마찬가지다.

　한편, 신용카드 업체들과 가상화폐 업체들은 양자컴퓨터의 중·장기적 발전이 해당 산업 자체를 무력화할 수 있다고 우려 섞인 시선으로 바라보고 있다.

01

기존 금융사에 하청 주는 '플랫폼 기업' 애플이 은행의 미래

2023년 애플[1]은 골드만삭스[2]와 공동으로 저축 계좌를 출시했다. 공동이라고는 하지만 골드만삭스를 '하위 파트너'로 삼았다고 하는 것이 정확하다. 플랫폼을 갖고 있는 것은 애플이다. 가입자 확보를 위해 애플의 하청업체가 되려는 금융사는 골드만삭스 이외에도 전 세계에 널려 있다.[3] 이들 금융사는 기꺼이, 은행 인프라를 제공하는 서비스형 뱅킹BaaS, Banking as a Service(은행 및 금융기관이 자체 금융 서비스와 제품을 라이선스가 없는 제삼자에게 제공하는 것)의 사업자가 되려 한다. 주지하다시피, 애플은 은행이 아니다.

---

1   https://www.apple.com
2   https://www.goldmansachs.com
3   https://www.forbes.com/sites/emilymason/2023/04/24/why-apples-partnership-with-goldman-is-the-future-of-banking/?sh=2dbc4f4d1304

당연히 은행 라이선스는 없다. 그러나 세계에서 가장 큰 은행조차 애플 앞에서는 난쟁이에 불과하다. 제이피 모건 최고경영자인 제이미 다이먼Jamie Dimon은 "돈을 옮기고, 관리하고, 빌려주는 애플은 이미 은행"이라며 "막대한 데이터와 독점 시스템의 보유가 놀라운 경쟁 우위를 제공하고 있다"라고 평가한다. 산더미 같은 아이폰 가입자의 정보가 바로 대출 경쟁력이라는 것이다.[4]

미국은 엄격한 은산분리(은행의 사금고화를 막기 위해, 산업자본(기업)이 은행을 소유하지 못하도록 규제하는 제도) 규제에 따라 애플 같은 빅테크 기업의 은행업 본격 진출이 어렵다. 산업자본은 은행 또는 은행지주회사의 의결권이 있는 주식을 25% 이상 취득할 수 없다. 특히 이사진 선임 등 일정하게 은행을 지배에 해당하는 경우라면 5% 이상의 주식 취득은 불가능하다. 하지만 애플은 라이선스를 가진 기존 은행을 하청업체로 삼아 파트너십을 명분으로 은행업에 진출했다. 이 하위 파트너가 된 골드만삭스는 '무명의 인프라 제공업자'로 전락했다.

애플과 제휴하면 해당 금융회사는 애플 플랫폼을 안정적인 가입자 확보 채널로 활용할 수 있다. 애플은 파트너의 인프라와 고객을 활용해 금융 서비스 부문 매출을 확대하려는 전략을 세웠다. 반면, 골드만삭스는 전 세계에 팔린 약 20억 대의 아이폰 네

---

4   https://www.ft.com/content/fda76c42-0540-48a1-b1d9-259e1c2d6c3a

트워크를 소매 금융의 '지점' 역할로 삼을 수 있다고 기대했던 것으로 읽힌다.

애플과 골드만삭스가 출시한 고금리 저축 계좌는 아이폰의 '애플 카드'를 관리하는 앱인 '월렛wallet'에서만 가입할 수 있는 예금 상품이다.[5] 2025년 1월 현재 미국 은행 평균의 8배가량인 연리 3.9%를 지급했다.[6] 미국 대형 은행인 웰스파고Wellsfargo와 뱅크오브아메리카의 연 예금금리는 각각 0.15%, 0.04%에 불과하다. 애플 저축 계좌에는 최소 금액 조건도, 이체 수수료도 없다. 예금 상한액은 미국 연방예금보험공사FDIC, Federal Deposit Insurance Corporation의 보증 금액인 25만 달러(약 3억 6,537.5만 원)이다. 애플 카드 지출의 리워드는 이 계좌로 자동 유입되고, 카드 결제 이력은 이곳에서 관리된다.

애플은 브랜드가 매우 큰 강점이다. 글로벌 브랜드 가운데 1등이다. 애플은 이에 더해 '신뢰'까지 받고 있다. 브랜드 조사를 보면, 애플은 10년 연속으로 신뢰도 1위를 기록하고 있다. 반면, 전 은행은 20위권 밖이다. 게다가 애플은 은행이 받지 못하는 소비자로부터의 '존경'도 누리고 있다. 하루 2,600번 이상 아이폰을 만질 정도로 소비자는 애플과 친밀하다. 특히 애플의 속도는 기존 은행들이 도저히 따라갈 수 없다. 애플이 우주 공간을 날아다

---

5   https://www.apple.com/apple-card/financial-health/#grow-daily-cash
6   https://www.marcus.com/us/en/savings/high-yield-savings

니는 워프Warp(공간을 왜곡해 만들어진, 빛보다 빠른 속도)의 움직임을 보일 때, 기존 은행은 시속 60킬로미터 미만으로 정주행하고 있다는 비판이 나온다. 초광속으로 애플은 아이폰과 통합된 고객용 '금융 통합 플랫폼 구축'을 서두르고 있다.

기존 은행권은 나름대로 매력적인 사용자경험UX을 만들기 위해 고군분투하지만, 성과는 별로 없는 것이 사실이다. 애플이 고금리 저축 계좌를 출시하면서 미국 은행권은 긴장하고 있다. 2023년 애플이 저축 계좌를 출시한다고 발표한 뒤 단 1분기 만에 미국 찰스 슈왑Charles Schwab 은행 한 곳에서만 410억 달러(약 59조 9,215억 원)가 빠져나갔다. 이 은행을 포함한 대형 은행 3곳이 600억 달러(약 87조 6,900억 원)의 예금 유출을 겪어야 했다.[7]

고객들이 맡긴 예금은 은행에서 부채로 잡힌다. 은행은 부채와 적은 자기자본으로 자금조달을 할 수 있다. 하지만 애플의 계좌는 이와 정반대다. 애플은 고객들에 대한 대출자금을 두둑한 현금 등 자체 재무상태표로부터 조달할 수 있다. 애플은 2023년 1분기 기준으로 1,650억 달러(약 241조 1,145억 원)의 현금과 유가증권을 보유하고 있다. 이 때문에 고객들의 급격한 일시적 자금 인출로 문제가 된 실리콘밸리은행 사태와 같은 뱅크런은 애플에서 발생하지 않는다. 자기자본을 사용하기 때문에, 애플은 금융

---

7   https://www.ft.com/content/7bebe3d8-0b6f-417a-b531-6690c0f834b3

산업 전반의 문제로부터 자유롭다.

애플은 금융 진출 이후에도 수익 대부분을 여전히 기기 판매에 의존하고 있다. 디지털 금융 서비스로 깊이 들어가려면 애플은 더욱 세밀한 규제의 '경계'를 헤쳐 나가야 한다. ① 수익을 위한 생태계 악용, 그리고 ② 규제를 부를 소비자 착취 사이에 애플이 가야 할 길이 있다.[8] 미국의 경쟁 당국인 연방거래위원회^{FTC, Federal Trade Commission}의 반독점 조치에도 이 회사는 유의해야 한다.

앞서 애플은 이미 자체 신용카드, 피투피 대출, 디지털 지갑 앱, 그리고 무이자 할부의 선구매 후결제^{BNPL, Buy Now Pay Later} 서비스 등 금융상품을 이미 출시했다. 제공 중인 금융 서비스들은 '애플페이'를 기반으로 개별 서비스들을 연계해, 애플 생태계 내에서 서비스를 이용할 때 혜택이 극대화되는 구조다. 2014년에 출시된 애플페이는 아이폰과 가맹점의 근거리 무선통신^{NFC, Near Field Communication}(10cm 이내 거리에서 13.56MHz의 주파수로 두 전자기기가 통신할 수 있도록 하는 무선통신 기술) 단말기를 통한 비접촉식 결제 서비스로, 현재 글로벌 1위가 된 간편 결제 서비스다. 애플페이는 이용 은행의 정보를 선탑재해 단말기 근처에서 카드처럼 작동시킨다. 애플은 결제가 이뤄질 때마다 은행에서 수수료를 징수한다. 애플페이는 2025년까지 전 세계 카드 거래의 10%를 차

---

8   https://www.ft.com/content/6bd82fc0-6a65-4a42-a467-509b20f71ad0

지할 것으로 예측된다.[9]

애플페이가 처음부터 성공한 것은 아니다. 2016년까지 아이폰의 10%만이 애플페이를 활성화했다. 2017년까지는 활성화 비율이 20%에 불과했다. 그러다가 팬데믹이 시작되면서 그 비율이 50%에 도달했다. 2022년 들어서는 아이폰에서 애플페이의 활성화율은 약 75%를 넘어섰다.[10]

애플은 피투피 결제 지갑으로 시작한 중국 알리페이^Alipay^처럼 '슈퍼 앱'을 지향하는 듯하다. 알리페이는 현재 13억 명의 사용자로 결제·음식 배달·티켓 구매 등 소매 비즈니스를 벌이고 있다. 게다가 아이폰의 탭투페이^Tap to Pay^(애플이 개발한 아이폰 결제 서비스. 아이폰 자체를 카드 단말기로 활용해 결제를 가능하게 하는 기술)용 근거리 무선통신 칩은 서드파티의 액세스를 불허한다. 타사의 피투피 앱인 벤모와 캐시앱^CashApp^ 서비스 역시, 아이폰에서 탭투페이가 금지돼 있다. 결국 이들 두 앱은 애플 우회를 위해 매장 결제에 큐알 코드 옵션을 제공할 수밖에 없었다.

독점권을 활용해 애플은 카드 발급 은행들과 협상 때 큰 영향력을 행사한다. 지난 2014년 애플페이 출시 때를 돌이켜 보면, 은행들은 디지털 지갑 수익의 대부분을 애플에 빼앗겼다. 애플의

9   https://www.economist.com/finance-and-economics/watchdogs-take-a-swipe-at-apple-pay/21809094
10 https://www.wsj.com/podcasts/google-news-update/apple-pay-is-killing-the-wallet-it-only-took-eight-years/fa1c4298-f621-4ea6-8219-dbb2954ce88b

직접 경쟁자인 구글Google은 은행으로부터 수수료를 받지 않고 자사의 탭투페이를 서드파티에 허용했지만, 결국 비즈니스에 실패했다. 제이피 모건 등 미국의 7대 은행을 뒷배로 둔 디지털 지갑 서비스도, 애플과의 경쟁은 포기할 수밖에 없었다.

애플페이 등 금융 관련 서비스는 그러나 각국 경쟁 당국에 잇달아 고발당하고 있다. 2022년 5월, 유럽연합 산하의 유럽위원회 European Commission가 스마트폰 내 결제시장에서 독점 권력을 남용한다는 이유로 애플을 조사했다. 애플에 대해 유럽 경쟁법을 위반한 것으로 판결이 나면 전 세계 매출의 10%까지 과징금이 가능하다. 쟁점은 애플이 2014년 도입한 무선 근거리 통신 방식의 비접촉식 결제 서비스인 애플페이가 반경쟁적이냐 여부였다. 아이폰의 운영 시스템iOS은 자체 소프트웨어만 무선 근거리 통신의 사용을 허가하고, 경쟁사의 결제 앱은 배제하고 있다.

반면, 구글의 안드로이드는 제삼자의 액세스도 허용해, 페이팔PayPal이나 삼성페이 등도 선택할 수 있다. 결국 애플은 간편 결제 기술로 아이폰을 단말기에 가져다 대면 결제가 되는 탭앤고 Tap-and-Go를 구글처럼 경쟁사에게 개방해야 했다. 유럽연합 회원국 내에서 삼성페이나 구글페이 등 제삼자 결제 앱에도 아이폰의 근거리 통신NFC 기능 접근을 무료로 허용하기로 했다. 애플페이가 아닌 제삼자 결제 방식을 아이폰 기본 결제 옵션으로 설정하는 것도 허용할 예정이다.

애플은 저축 계좌 내세워
일상적 금융을 자사 생태계로 연결

애플은 자사 홈페이지를 통해 "금융기관이 아니다"라고 강조하고 있다. 애플 카드와 적금은 미국 골드만삭스 은행의 솔트 레이크 시티Salt Lake City 지점에서 발행 및 제공한다고 명시해 놓았다.[11] 그렇다면 애플은 왜 저축 계좌를 만든 것일까? 이는 애플이 아이폰iPhone을 일상적인 금융의 상호작용으로 확장하려는 방법이라고 해석된다.[12]

애플은 새 계좌로 아이폰의 고객 경험을 매일의 금융 상호작용으로까지 더욱 확장할 수 있게 됐다. 계좌는 사용자들을 애플의 생태계에 계속 연결해 놓는다. 애플의 금융 서비스는 아이폰의 생태계에 사용자를 감금Lock-In시키는 한편, 지속 가능한 수익을 창출하고 있다.

애플의 고금리 저축 계좌를 개설하려면 아이폰이 있어야 한다. 사용자의 이탈을 어렵게 하는 네트워크 효과의 전형적인 예다. 일단 이 서비스의 이용을 시작하면, 삼성 갤럭시 등 안드로이드 폰으로의 교체는 어렵다. 안드로이드 폰 이용자들은 아이폰

---

11 https://support.apple.com/en-us/102676
12 https://www.wsj.com/articles/apple-savings-account-customers-say-its-hard-to-get-their-money-out-of-goldman-sachs-bd8b9ccb?mod=hp_lead_pos1

으로 갈아타지 않으면 애플의 금융 서비스를 이용할 수 없다.

은행은 본질적으로 강한 규제 산업이다. 특히 금융규제는 끊임없고, 어렵고, 복잡하다. 이 때문에 애플은 직접 은행 산업으로 진입하는 것은 원치 않는다. 대신 애플은 파트너로 은행을 고르는 한편, 그 파트너에 대해서는 고객과의 접점을 차단한다. 고객 경험은 제한하면서, 인프라 구축과 신용위험 그리고 규제 대응은 파트너에 떠맡긴다. 애플은 금융에서 마진은 더 높으면서도 자본 지출은 적은 접근 방식을 취하려 하는 것으로 해석된다.

이런 애플에 대항해 기존 금융시장을 방어하기 위해 미국에서는 라이벌 은행들이 뭉치고 있다. 제이피 모건 체이스^{JP Morgan Chase}, 뱅크오브아메리카, 웰스파고 등은 2024년에 1억 5,000만 명의 고객 신용카드와 직불카드 계좌에 직접 연결되는 모바일 지갑인 페이즈^{Paze}를 출시했다.[13] 이 앱은 이미 결제 앱 젤^{Zelle}을 갖고 있는 은행 컨소시엄 그룹 얼리워닝 서비시스^{Early Warning Services}에서 함께 운영한다.[14] 이들 대형 은행은 애플의 뱅킹 서비스 확장을 저지할 수 있는 최선의 방법이 이 페이즈라고 보고 있다.

은행은 그동안 금융 서비스 특히 소비자를 대상으로 한 '결제'를 지배해 왔다. 하지만 신흥 강자로 떠오른 것은 새로운 결제 방

---

13 https://www.chase.com/digital/digital-payments/additional-wallets
14 https://www.zellepay.com

식인 애플페이를 보유한 애플이다. 현재 미국 소매업체의 90%가
애플의 앱을 사용한다.[15]

15   https://www.ft.com/content/d6322590-0520-459b-93d8-1387f4c0f147

02

구글은 은행업에 과연 진심인가?
애플과 달리,
야심찬 금융사업은 기피

글로벌 빅테크들이 눈독 들이는 신성장 동력은 금융이다. 애플을 비롯해 마이크로소프트, 아마존 등이 앞다퉈 금융사들과 제휴하는 한편, 지분 투자를 벌이고 있다. 또한 메타, 페이팔, 우버Uber 역시 금융 비즈니스에 열심이다. 이 중 아마존은 단기 운용 자금 대출 서비스, 메타는 간편 결제 서비스, 페이팔은 개인 및 기업 대출 서비스, 우버는 당좌계좌·체크카드·모바일 뱅킹 앱 서비스 등을 진행하고 있다. 이들 글로벌 빅테크의 핵심역량이 금융과 밀접한 데이터 처리이기 때문이다. 금융에서는 페타바이트petabyte(1,000테라바이트) 규모의 데이터가 쌓이고 있지만 제도는 낡아서 파괴적 혁신이 무르익어 가고 있다.[1]

글로벌 빅테크들은 금융에서도 특히 디지털 결제에 관심을 보이는데, 사용자 경험을 개선할 데이터 수집이 목적이다. 구글의 디지털 결제 사업과 금융사업은 디지털 지갑^{Google Wallet}에서부터 피투피 대출, 디지털 결제 서비스인 구글페이^{Google Pay} 그리고 모기지와 보험 등의 비교 사이트까지다. 애플이 신용카드·선구매 후결제^{BNPL}·예금 등 사실상의 은행으로 영역을 확장하는 것에 비하면, 구글은 금융에 소극적인 모습으로 보인다. 금융권과의 본격 경쟁은 피하려 하는 듯싶다. 구글이 자신의 본업은 사용자 구매를 추적하는 광고 사업으로 생각하기 때문이다.

심지어 구글은 2년간 준비했던 온라인 당좌예금 계좌를 2021년 갑자기 무산시킨 바 있다. 구글은 2000년부터 구글페이를 통해 디지털 은행 서비스까지 하려고 했다. 시티은행^{Citi Bank}과 스탠퍼드 신용협동조합^{SFCU, Stanford Federal Credit Union}에 이어 6개 은행을 디지털 당좌 및 저축 계좌 파트너로 영입해 구글페이 사용자들에게 앱을 통해 계좌 서비스를 제공할 계획이었다.[2] 전격 취소의 이유는 자사의 클라우드 비즈니스 때문이다. 금융회사들이 구글 등 빅테크의 해당 사업에 '큰손'이라는 점을 고려한 결과였다. 온라인 당좌예금 계좌로 은행들과 경쟁하려 한다면, 이들 은행이 구글 서비스로부터 이탈할 우려가 크다는 점을 의식했다.

1   https://www.economist.com/business/2022/12/15/big-tech-pushes-further-into-finance
2   https://www.cnbc.com/2021/10/01/google-abandons-plans-to-offer-plex-bank-accounts-to-users.html

구글의 목표는 금융사업보다 인공지능^AI 클라우드 기반의 비즈니스 소프트웨어 강자가 되는 것이기 때문이다.

1998년 구글이 창립된 후 4반세기가 지났다. 구글의 지주회사인 알파벳이 2015년 설립된 이유는 그간 캐시카우^Cash Cow(돈줄)였던 검색광고 이외의 '문샷^Moon Shot(1696년 미국의 달착륙 프로젝트 아폴로 계획처럼 기존의 틀을 깨는 혁신적인 연구나 도전)' 비즈니스 개발이었다. 이들은 그간 자율주행차부터 생명 연장 약품까지 각종 신사업을 벌여왔다. 하지만 새로운 상업적 성과는 미미했다. 자본이 별로 들지 않는 준독점 사업은 아직 찾아내지 못했다.[3] 누적된 신사업 손실은 관련 매출의 6배 이상이었다. 금융사업과 의료·조달만 그나마 성장했다.

구글은 클라우드 비즈니스에서 아마존웹서비스^AWS 그리고 마이크로소프트 애저^MS Azure와 경쟁하려 한다. 이를 위해 이 회사 자본 지출의 4분의 3은 인터넷데이터센터^IDC, Internet Data Center(인터넷과 연결된 데이터를 모아두는 시설)의 건축과 장비 구매에 사용된다. 구글은 클라우드의 후발주자로 가격할인에 나서 연 매출 40%씩 성장을 거듭, 2023년 2분기에 처음으로 수익을 올렸다. 이 분야에서 구글은 기업 영업 강화로 2~3위의 비즈니스 소프트웨어 업체로의 등극을 목표로 삼고 있다.

---

3   https://www.economist.com/business/2023/07/30/is-there-more-to-alphabet-than-google-search

알파벳은 그간 검색으로 번 돈을 스타트업에 대한 '슈거 대디(원조교제 스폰서)' 노릇으로 날리고 있다고 비판받는다. 해법 중 하나는 알파벳의 이질적 비즈니스에 대한 사업 분할로, 검색·유튜브^{YouTube}·클라우드 등을 나눠 각각 잘하는 분야에 집중하게 하자는 주장이다. 또 다른 해법은 해체 등 급진적 변화가 아닌, 구글의 새 방향 설정이다. 이 회사 최고경영자인 선다 피차이^{Sundar} ^{Pichai}는 불필요한 신사업에 베팅을 중단했고, 1만 2,000명을 해고하는 한편, 자본 배분을 조정할 투자책임자 자리를 신설했다. 인공지능 연구소들 간의 통폐합으로 관련 컴퓨팅파워와 맨파워를 효율적으로 활용하려 한다. 피차이는 본업에서 일단 성공적인 듯하다. 2023년부터 알파벳의 디지털 광고와 클라우드 수익이 증가하고 있다. 그가 '제품 전반에 걸친 모멘텀'을 선전한 후, 알파벳의 주가는 급등한 바 있다.[4]

아마존의 대출, 결제, 예금 등 금융사업은
고객 경험 강화가 목적

당초 온라인 서점으로 출발한 아마존은 이제 세상의 모든 것

---

4   https://www.ft.com/content/7617c221-ada8-467a-a443-39968c623d86

을 팔고 있다. 초기에는 가전, 패션, 생활용품을 취급하는 전자상 거래로 업무를 확장했다. 이후에는 금융, 물류, 클라우드, 동영상 스트리밍으로까지 업종을 점차 넓혔다.

금융에서 아마존은 우선 판매자에 단기 운전자금 대출로 더 많은 거래가 일어나게 하는 아마존 렌딩Amazon Lending을 제공하고 있다. 2011년에 출시된 아마존 렌딩은 아마존에 출점해 있는 법 인 대상의 대출 서비스다. 판매자들에게 할당된 신용 한도까지 자금을 빌려준다. 각 판매자는 필요에 따라 유연하게 자금을 요 청해 아마존으로부터 신용을 승인받을 수 있다. 이를 통해 판매 자들은 재고를 두고, 운영 자금을 조달하며, 사업 기회를 신속하 게 활용할 수 있게 된다[5] 아마존 렌딩은 판매자에게 1,000달러 (약 146만 1,300원)에서 75만 달러(약 10억 9,597만 5,000원)까지의 대출을 제공하며, 대출 기간은 최대 12개월이다. 대출 자격이 되 면 대출 금액과 대출 기간 한도를 선택할 수 있다.[6]

이와 함께 아마존은 다른 쇼핑몰에서까지 결제를 더욱 빠르고 편하게 할 수 있는 아마존 페이Amazon Pay 서비스를 제공하고 있다. 아마존 페이는 아마존 계정에 이미 연결된 결제 수단으로 타사 의 웹사이트에서 상품이나 서비스에 대해 결제할 수 있다.[7] 아마

---

5   https://sell.amazon.com/programs/amazon-lending
6   https://amzadvisers.com/amazon-lending
7   https://pay.amazon.com/help/2017546400

존은 또 은행 계좌나 신용카드가 없는 사람도 현금으로 아마존 전자상거래를 이용할 수 있게 하는 아마존 캐시Amazon Cash 서비스도 출시했다. 아마존 캐시를 사용하면 미국 내에서는 몇 초 만에 기프트 카드를 구매해 아마존에서 사용할 수 있다.[8] 아마존은 예금과 유사한 아마존 기프트 카드Amazon Gift Card 등도 선불 상품권 형태로 서비스하고 있다.

그러나 아마존은 금융사업 자체를 은행으로까지 확대하려고 하지는 않는다. 아마존은 기존 은행이 되지 않고도 결제와 대출에서 보험과 예금에 이르기까지 모든 면에서 금융 서비스를 벌이고 있다. 아마존은 금융 서비스를 자사의 핵심 전략 목표인 생태계 확대로의 참여 지원을 구축하는 데 집중하고 있다.[9] 아마존이 염두에 둔 것은 고객 경험 가치의 향상과 소매·전자상거래의 강화이며, 이를 통해 실현하는 아마존 경제권의 확대이기 때문이다.

다양한 금융 서비스를 제공해도 은행이 되는 것은 원치 않듯, 아마존은 오티티OTT, Over The Top(미디어 콘텐츠의 인터넷 제공 서비스) 드라마에 거액을 투자하고도 에미상은 바라지 않는다. 아마존은 2023년 한 해에 스트리밍 콘텐츠로 120억 달러(약 17조 5,416억 원)를 투자했다. 이는 세계적으로 넷플릭스Netflix의 투자금 다음

---

8   https://www.amazon.com/b?ie=UTF8&node=18749918011
9   https://www.cbinsights.com/research/report/amazon-across-financial-services-fintech

가는 거액이다. 그러나 아마존의 히트작 비율은 낮고, 작품성도 그다지 높지 않아 미국 방송계 최고 권위의 에미상Emmy Awards 후보작은 경쟁사인 워너-디스커버리Warner-Discovery의 절반에도 미치지 못했다. 아마존의 대작 드라마 〈시타델Citadel〉이 그 전형적인 예이다.

〈시타델〉을 시청하다가 '일시 정지' 버튼을 누르면 여주인공의 금목걸이, 빨간 드레스, 그리고 하이힐 등 눈에 보였던 모든 아이템을 쇼핑할 수 있다. 단, 여주인공의 향수만은 판매가 아직 안 되고 있다. 아마존의 이-커머스e-commerce 사이트에서도 〈시타델〉의 각종 상품 구매가 가능하다. 아마존 뮤직Amazon Music에서는 〈시타델〉의 사운드트랙을 감상할 수 있는데, 듣기뿐 아니라 음원도 구매할 수 있다. 아마존의 자매 사이트인 아이엠디비 닷컴imdb.com에서는 이 드라마의 제작 정보가 보인다. 다국적 출연진을 등장시키고 줄거리를 바꾼 이 드라마의 스핀오프Spin Off 작품도 고를 수 있다. 〈시타델〉은 3억 달러(약 4,385억 4,000만 원)의 예산이 투입돼 아마존 역사상 두 번째로 비싼 TV 시리즈다. 가장 비싼 시리즈는 또 다른 아마존 프로젝트로,《반지의 제왕The Lord of the Rings》을 원작으로 제작된 〈힘의 반지The Rings of Power〉였다. 거액을 쏟아부었지만, 〈시타델〉은 미지근한 평가를 받았다. 미국 스트리밍 프로그램 상위 10위 안에도 들지 못했다. 〈시타델〉은 비디오 분야에서 지출이 많아도 영향력은 낮은 이 회사의 기록을 상징적으로 보여준다.

하지만 아마존은 이에 별로 개의치 않는 듯 보인다. 대신 이 회사는 독보적 플랫폼을 구축하려 하고 있다. 아마존 비디오를 타사 콘텐츠 판매를 위한 장터로 키우려 한다. 방법은 아마존 이-커머스의 모방이다. 아마존은 2006년 비디오 다운로드 플랫폼인 언박스Unbox를 출시한 이후, 계속 돈을 태워 왔다. 그 결과, 현재 아마존 프라임 비디오Amazon Prime Video는 월 1억 5,600만 명의 시청자를 확보하고 있다. 시청자 규모로는 넷플릭스에 이어 두 번째이고, 디즈니 플러스와 비슷한 수준이다. 이밖에 아마존의 무료 스트리밍 서비스인 프리비Freevee는 시청자가 약 4,000만 명에 달한다. 아마존이 2014년 4월 아마존닷컴에서 출시한 셋톱박스 형태의 미디어 플레이어인 파이어 티브이Fire TV는 삼성 티브이보다 더 잘 팔려 나가고 있다. 아마존은 금융에서처럼 비디오에서도 히트나 작품성을 높이기보다는 플랫폼을 키우려 하는 것으로 읽힌다. 실제로 아마존 비디오는 아마존 프라임 번들의 가치를 높이는 것이 목표라고 천명했다. 이를 위해 택한 것이 다음 두 가지 전략이다.

첫째는 시청자 광고 확대다. 아마존은 2023년 세계 디지털 광고의 7.5%를 차지했다. 2025년까지 아마존의 광고는 미국 내에서만 연 50억 달러(약 7조 3,080억 원) 이상의 가치를 갖게 된다. 장기적으로는 시청자 정보의 우위로 가장 비싼 광고 요금을 부과하려 한다. 아마존은 개인에 대한 이-커머스와 신선식품 판매 등의 데이터를 기반으로 '고도로 개인화된 광고'의 송출이 가능하다. 특히 아마존은 매장에서 시청자의 후속 행동을 관찰해 광고의 효과까지 측정할 수 있다. 이 반응 파악으로 아마존의 광고는 더욱 성장할 것으로 예상된다. 가장 광고 측정을 잘하는 기업이 가장 큰 비중을 차지하게 되는 것이다. 현재 구글의 유튜브와 메타의 짧은 동영상인 릴스^{Reels}처럼, 아마존의 프리비 역시 광고를 붙이고 있다. 광고가 거의 없던 아마존의 프리미엄 서비스 '프라임 비디오^{Prime Video}'도 넷플릭스와 디즈니 플러스가 시작한 광고 게재에 따라 바뀐 것이다.

둘째는 타사 콘텐츠 판매다. 아마존의 목표는 아마존 비디오 역시 아마존 이-커머스처럼 플랫폼화하는 것이다. 현재 이-커머스인 아마존닷컴^{Amazon.com} 판매의 3분의 2는 아마존이 아니라 제삼자가 제공하는 제품이다. 이때 챙기는 아마존의 커미션 비율은 자체 상품보다도 높다. 반면, 넷플릭스나 디즈니 플러스는 현재 자체 채널에서 자사의 콘텐츠만 팔고 있다. 아마존 비디오는 라이브 스포츠와 주요 쇼 등을 독점 공급해 시청자들을 모으고, 이들 시청자에 대해 체류시간을 늘려 비용을 더 많이 지출시키려 한다. 시청자들에게 아마존은 타사 콘텐츠에 대해 20~50%까지 수수료를 부과하고, 무료 채널은 광고를 나눠 가져가고 있다. 히트작이나 작품성에 연연하지 않는 아마존답게, 아마존 비디오는 전체 시청률 10위 내에 드는 프로가 거의 없다. 현재 아마존의 비디오 협상력은 아마존 이-커머스보다 떨어진다. 이-커머스 판매자는 수백만 명인데 반해, 비디오를 제작할 대형 스튜디오는 소수이기 때문이다. 소비자에 대한 영향력도 취약하다. 이 회사의 이-커머스 매출은 미국 전체의 40%에 달하지만, 아마존 파이어티브이 스트리밍의 미국 내 트래픽은 15%에 불과하다.

03

페이팔,
주류 금융기관 중 처음으로
스테이블코인 출시

거대 테크기업인 페이팔은 전 세계에 약 4억 명의 회원을 보유하고 있으며, 1억 2,400만 명이 사용하는 전자상거래 업체 이베이ebay의 기본 결제 수단으로 사용된다. 이 페이팔이 2023년 스테이블코인Stablecoin을 출시했다. 주류 금융사의 스테이블코인 출시는 페이팔이 최초이며, 페이팔 유에스디PayPal USD라는 이름으로 달러에 페그Peg(고정)돼 있다.[1] 즉 1달러=1페이팔 유에스디다. 페이팔 유에스디가 출시된 2023년은 "하필 미 규제당국이 크립토crypto(암호화 기술을 활용해 정보를 안전하게 전송하고 저장하는 것) 업계 감시를 강화 중이던 때"였다.[2] 당국의 강력 규제와 이에 따른

---

1 https://www.paypal.com/us/digital-wallet/manage-money/crypto/pyusd
2 https://www.ft.com/content/fd072b20-f9c7-4e2b-b274-b2f13cbeae07

투자자들의 우려로 당시 크립토 업계는 잔뜩 움츠러들었다. 글로벌 핀테크 회사인 챌린저 뱅크 레볼루트Revolut가 '불확실성'을 이유로 미국에서 철수했을 정도였다. 그런데 페이팔은 정반대의 행보를 보였다. 주지하다시피 페이팔은 2020년부터 비트코인Bitcoin(가상통화이자 디지털 지급 시스템), 이더리움Ethereum(2015년 7월 30일 비탈릭 부테린Vitalik Buterin이 창안한 퍼블릭 블록체인 플랫폼) 등 가상화폐 거래 서비스를 제공해 왔다. 페이팔 지갑에서 가상화폐 결제를 열어주는 한편, 2,600만 가맹점에서 가상화폐로 쇼핑까지 지원했다.

가상화폐 시장에서의 스테이블코인은 카지노에서의 칩과 비슷한 역할을 한다. 고객들이 쉽게 베팅하고, 돈을 뺄 수 있게 해준다. 한국에서는 은행에서의 실명만 확인되면 법정통화인 원화로, 업비트나 빗썸 등 가상화폐 거래소에서 상장된 코인을 사고팔 수 있다. 하지만 해외의 가상화폐 거래소인 바이낸스Binance, 코인베이스Coinbase 등에서는 이야기가 다르다. 글로벌 거래소에서 코인을 매매하려면 스테이블코인이 편리하다. 스테이블코인은 기존 금융시장과 가상화폐 시장의 양자를 연결해 주는데, 법정화폐를 가상화폐로 전환하기 위해서는 달러와 쉽게 연결할 수단이 필요하기 때문이다. 거래자들은 현금처럼 스테이블코인을 사용할 수 있어 가상화폐 매매가 가능하다.

다만, 수수료가 발생한다. 페이팔 유에스디로 미화 1,000달러(약 146만 1,300원) 이상을 가상화폐로 매매할 때, 거래금액의 1.45%가 수수료로 나간다. 250달러(약 36만 5,475원)에서 1,000달러(약 146만 1,300원)까지의 수수료는 1.75%이다. 특히 여러 은행의 계좌 없이도 국가 간 송금이 쉬운 것이 큰 장점이다. 외부 지갑에 이체하면 송금과 온라인 구매 등도 할 수 있다. 페이팔 유에스디는 당연히 비트코인과 이더리움 등 가상화폐로의 변환도 쉽다.

그간 전통적 금융기관들은 가상화폐 결제 네트워크를 만들어 내지 못했다. 규제당국의 강한 반대가 있었기 때문이었다. 이 때문에 메타는 디엠Diem이라는 이름의 자체 스테이블코인 프로젝트를 폐기한 바 있다. 스테이블코인이 널리 이용되려면 페이팔 같은 주류의 인기 앱에 탑재돼야 한다. 페이팔 유에스디는 준비금을 예금, 국채 등으로 보유한다. 이에 따른 운용 수익과 가상화폐 거래 수수료가 페이팔 유에스디의 비즈니스 모델이다. 페이팔 유에스디의 운용 수익을 시장에서는 미국 국채 수준인 약 5%로 보고 있다.[3] 따라서 스테이블코인은 수익성이 좋은 사업이 돼왔다. 특히 국채 수익률이 상승하면 스테이블코인 발행자는 더 많은 이자 수입을 얻을 수 있다.

페이팔 유에스디는 2023년 8월 이더리움 네트워크에서 처음

---

3   https://www.ft.com/content/f8f56ef0-45e5-4737-8d40-e46b56344030

출시됐고, 이후 2024년 솔라나^{Solana} 네트워크에서도 사용할 수 있게 됐다. 이들 블록체인 네트워크에서 페이팔 유에스디는 송금 같은 국가 간 거래가 가능하다. 그러나 페이팔의 스테이블코인은 정치적 반발을 계속 맞닥뜨리고 있다. 미국의 일부 정치인들은 "소비자의 돈을 위험에 빠뜨릴 수 있다"라면서, "다른 소위 스테이블코인에서 보았듯이 '스테이블^{stable}(안정적)하다'고 주장하는 디지털 자산은 금방 가치가 없어질 수 있다"라고 강력히 비판하고 나섰다.[4] 달러 기반 스테이블코인이 달러화에 대한 1 대 1 페그를 잃게 되면, 금융 시스템을 위협할 수 있다는 것이 그 이유다. 이로 인해 투자자들이 한꺼번에 몰려 투자금을 돌려 달라고 요구하는 코인 런$^{coin run}$이 발생할 수 있다며, 미국 정책 입안자들은 수년 동안 걱정해 왔다.

일부 미국 의원들은 자금 세탁, 개인정보 보호, 소비자 보호와 관련된 우려도 표명해 왔다. 페이팔의 규모 때문에 국회와 규제 당국의 조사가 강화될 수 있다. 활성 계좌를 4억 3,500만 개 보유한 페이팔은 기존의 주요 스테이블코인 발행자인 테더^{Tether} 그리고 서클^{Circle}보다 규모가 훨씬 크다. 페이팔에 이어, 가상화폐 시가총액 7위인 리플^{Ripple}도 스테이블코인 발행에 뛰어들었다.[5]

---

4   https://www.wsj.com/livecoverage/stock-market-today-dow-jones-08-09-2023/card/paypal-stablecoin-criticized-by-key-lawmaker-bzF4LrvplaCApFtN1rzi?mod=Searchresults_pos2&page=1

5   https://www.ft.com/content/0b2eadcf-b3b8-40c0-922a-a1abf7f5f15e

달러에 페그된 리플의 스테이블코인은 2024년 말부터 거래를 시작했다. 스테이블코인 시장은 2024년 현재 1,530억 달러(약 223조 6,554억 원)에 달하는 것으로 추정되고 있다. 이 중 테더가 발행하는 유에스디티USDT와 서클Circle이 발행하는 유에스디시USDC가 각각 전체 시장의 약 70%와 20%를 차지하고 있다. 나머지 10%를 페이팔 유에스디 등이 점유 중이다. 리플은 스테이블코인의 시장 규모가 2028년에는 2조 8,000억 달러(약 4,093조 6,000억 원)를 넘어설 것으로 낙관하고 있다.

가상화폐와 신용카드는
양자컴퓨터 발전으로 무력화될 수도

컴퓨터의 데이터 처리 기술은 갈수록 발전하고 있다. 미국은 2022년 엑사급 슈퍼컴퓨터exaflops를 완성했다. 엑사급은 초당 10의 18승(100경 번) 연산이 가능하다. 10여 년 전 개발된 페타플롭스petaflops(10의 15승, 1,000조 번 연산) 슈퍼컴퓨터보다는 1,000배나 빠르다. 이보다 앞서 중국이 이미 2021년 엑사급 슈퍼컴퓨터를 개발하여 현재 2대를 운용 중인데,[6] 기후변화 연구와 핵무기

---

6   https://www.ft.com/content/9ec4c04c-d71d-4d54-87fe-eef4ff92ddc9

시험에 이르기까지 초고도의 연산 처리에 사용된다.

이 엑사급 슈퍼컴퓨터들은 적국의 암호를 푸는 등 국가 안보의 비밀스러운 핵심 도구로도 사용될 뿐만 아니라, 은행과 기업 등의 기존 암호체계를 무력화할 수 있다. 현재 전 세계 슈퍼컴퓨터 500대 중 중국은 186대를, 미국은 123대를 보유하고 있다. 이들 슈퍼컴퓨터는 양자역학을 활용한 양자컴퓨팅 기술로 더욱 진화하고 있다. 양자물리학에서는 0과 1이 동시에 중첩돼 존재한다. 중첩뿐 아니라, 0과 1의 얽힘 현상도 나타난다. 양자컴퓨터는 이 같은 중첩과 얽힘 등의 특성을 활용해, 기존 슈퍼컴퓨터로 1만 년 걸릴 계산을 단 200초 만에 해결한다.

문제는 이를 악용한 해킹이다. 양자컴퓨터의 발전은 금융을 비롯한 주요 산업에서 사용되는 암호 기술을 무력화할 수 있다. 그나마 은행은 규제와 방어 메커니즘의 보호를 받고, 고객 보호 능력을 갖추고 있다. 하지만 블록체인에 기반한 가상화폐는 양자컴퓨팅의 암호 해독에 노출될 것이라는 우려가 더욱 크다.

구글이 개발 중인 윌로우Willow 등 양자컴퓨터를 통한 가상화폐 해킹 우려는 블록체인 업계의 주요 문제로 부상하고 있다. 해킹당할 경우, 수천조 원어치의 가상화폐가 도난당하거나 블록체인 기술이 중단될 수 있다. 워싱턴 싱크탱크 허드슨 연구소의 2022년 연구에 따르면, 비트코인이 해킹당할 경우 3조 달러

(약 4,386조 원) 이상의 손실과 함께 심각한 경기침체가 찾아올 것으로 예상된다.[7] 전문가들 대다수는 2,048비트 길이의 키를 사용하는 기존 산업 표준 암호화 프로토콜rsa-2048은 10여 년 뒤인 2036년까지 '24시간 이내'에 손상될 수 있다고 보고 있다.[8] 양자 컴퓨터의 개발이 전 금융권과 산업 전반에 매우 걱정스러운 의미를 갖는다는 것이다.

해킹과 데이터 유출은 비즈니스 영위에 드는 비용이다. 그 방어책은 암호화지만, 양자컴퓨터의 시대에는 암호화가 무의미해진다. 양자컴퓨터를 이용한 해독으로 신용카드 정보 등 모든 데이터는 바로 눈앞에 보이는 활자들처럼 전부 다 공개될 것이다.

주지하다시피 양자물리학은 "위치와 운동량 등을 동시에 정확히 결정할 수 없다"라는 이론이다. 양자컴퓨팅의 도입으로 데이터의 대용량 고속 처리가 가능하게 됐다. 현재 해커들은 암호화된 전 세계의 머신러닝에서부터 신약 개발까지 주요 유출 정보를 대용량 데이터베이스로 보관 중이라고 한다. 양자컴퓨터의 암호 해독은 임계치에 임박해 머지않았다고 평가받고 있다. 주요 대학들과 스타트업 그리고 각국 정보기관 등이 곧 선을 넘을 것으로 보인다.

---

7 https://www.wsj.com/tech/cybersecurity/a-looming-threat-to-bitcoin-the-risk-of-a-quantum-hack-24637e29?mod=livecoverage_web
8 https://www.economist.com/science-and-technology/2022/07/13/how-to-preserve-secrets-in-a-quantum-age

이 대응을 위해 '양자내성암호PQC, Post Quantum Cryptography' 프로토콜이 연구되고 있다. 이는 양자컴퓨터로도 풀어내는 데 수십억 년이 걸리는 복잡한 수학 알고리즘을 사용하는 암호화 방식이다. 양자내성암호는 양자컴퓨터를 능가하는 새로운 암호화 기술로 대형 소프트웨어 업체들이 수행하고 있으며, 이 새로운 표준이 모든 데이터 전송 장치와 서비스에 서둘러 도입돼야 한다는 목소리가 커지고 있다. 더 늦으면 현재의 데이터는 미래의 양자해커들에 의해 독식될 위험이 크다. 얼리어답터가 이 양자내성암호의 이점을 누릴 것이고, '양자내성암호 대비pqc-ready'가 판매 포인트가 될 것이다.[9]

---

9   https://www.economist.com/leaders/2022/07/14/what-to-do-now-about-tomorrows-code-cracking-computers

04

사각형 바코드의 QR 결제,
NFC 결제와 함께
전 세계로 확산 중

큐알코드 결제Quick Response code payment는 모바일로 큐알코드를 스캔함으로써 결제를 수행하는 비접촉식 지불 방식이다. 휴대폰의 카메라로 큐알코드를 비추면 화면에 등장하는 링크를 클릭해 대가를 지불하면 된다. 별도 단말기 없이 큐알코드를 만드는 것만으로 간편한 결제가 가능하다.

큐알 결제는 2023년 싱가포르가 이 결제의 장점을 강조하면서 확산에 가속도가 붙었다. 애플과 구글, 비자와 마스터카드Mastercard, 아멕스카드Amex Card 등이 주도하는 무선 근거리 통신NFC 결제에 비해 큐알 결제는 상대적으로 관심을 받지 못해 왔다.

싱가포르는 현재 ① 포용금융, 그리고 ② 국가 간 결제 연동 등 큐알코드의 장점을 들어, 큐알 결제에 대한 강력한 드라이브를 걸고 있다. 최근에는 싱가포르에 이어 유럽과 북미의 규제 당국자들까지 큐알 결제를 면밀히 검토하고 있다. 사각형 흑백 바코드 큐알코드 하나로 전 세계 어디에서나 모든 결제가 충분해질 수 있기 때문이다. 큐알은 당초 일본 덴소 웨이브Denso Wave Inc[1]의 엔지니어가 자동차 부품의 레이블링(데이터에 이름표를 붙이는 작업)을 위해 발명한 시스템이다. 발명자조차 이 큐알코드가 비접촉 방식의 결제에 활용될 것이라고는 상상하지 못했을 것이다. 큐알 결제는 2011년 중국에서 알리페이Alipay와 위챗이 발전시켜, 현재 아시아와 라틴 아메리카에서도 널리 사용되고 있다. 2023년 7월 현재 싱가포르를 비롯해 말레이시아, 인도네시아의 큐알 결제 앱 사용자 수는 약 100만 명에 달했다. 2025년까지는 이보다 78%가 증가해 177만 명 이상의 사용자를 확보할 것으로 예상된다.[2]

큐알 결제의 가장 큰 장점은 '포용금융'이다. 비싼 카드 포스POS, Point Of Sales(판매 시점 관리 시스템) 단말기와 높은 수수료를 감당할 수 없던 소규모 소매업체들이 이 사각형 바코드의 기술로 가장 큰 혜택을 누렸다. 이뿐 아니라, 은행 계좌를 갖지 못했던 동남아의 2억여 명도 금융의 수혜를 입게 됐다. 큐알 결제 수수

---

1   www.denso.com
2   https://www.thebanker.com/South-east-Asia-takes-QR-codes-across-borders-1700036615

료는 위챗페이가 0.6%, 알리페이는 0.5% 수준이다. 미국 신용카드 수수료인 2.0~3.5%와 비교하면 7분의 1 수준까지 떨어진다.

다른 장점도 많다. 대용량 정보 수납이 가능하다. 큐알코드는 숫자, 영자, 한자, 한글, 기호 등 모든 데이터를 처리할 수 있으며, 정보량은 7,089글자까지 1개의 코드로 표현이 가능하다. 작은 공간을 차지한다는 것도 이점이다. 큐알코드는 바코드와 동일한 정보량을 그 10분의 1 정도의 크기로 표시할 수 있다. 더 작은 공간에 표현이 가능한 마이크로 큐알코드도 있다. 일본에서 만들어져 효율적으로 한자 표기가 가능하고, '오류 복원 기능'을 통해 코드의 일부가 더러워지거나 손상돼도 데이터를 복원할 수 있다. 또한 360도 어느 방향에서든 고속 인식이 가능하다.

큐알 결제의 다음 발전 단계는 여러 앱을 통합해 '단일 큐알'로 만들어, 하나의 이미지로 모든 앱과 지갑에서 호환되도록 한다는 것이다. 브라질의 픽스Pix(무료 전자지불 서비스) 큐알, 인도의 통합 결제 인터페이스UPI, Unified Payments Interface 큐알, 싱가포르의 에스지큐알SGQR 등이 이 지향에 공감해 '단일 큐알'을 성공적으로 진행하고 있다.[3] 큐알 결제의 목표는 각 국가 결제 시스템 간의 연동 허용이다. 즉 방문한 외국인들도 현지인처럼 스마트폰으로 각종 요금을 결제할 수 있도록 하자는 것이다. 현재 동남아 국

---

[3] https://www.bloomberg.com/opinion/articles/2023-11-06/single-qr-code-tried-in-singapore-may-be-blueprint-for-world-s-payments?srnd=opinion#xj4y7vzkg

가연합인 아세안ASEAN이 1,800만 명의 역내 관광객들을 상대로 결제를 촉진하기 위해 각국의 큐알을 연결하고 있다. 이 아세안 큐알이 전체 거래의 20%를 차지하기만 해도, 40억 달러(약 5조 8,480억 원)의 지출이 용이해진다. 이를 노린 싱가포르가 중국·태국·말레이시아 등을 포함한 단일 큐알 통합에 적극적으로 나서고 있다. 이 시스템은 상인들에게 익일 정산의 혜택을 준다. 비자와 마스터카드, 구글페이Google Pay도 이에 참여하고 있다.

큐알 결제가 성장하면서, 그간 근거리 무선통신에 만족하던 유럽·북미 당국도 이에 주목하고 있다. 가장 큰 이유는 싱가포르 큐알 결제의 연평균성장률인데, 디지털 소기업들의 주도로 5년간 무려 72%나 커졌다. 이는 카트 행상·노점상들의 관광 수입 증대를 위한 싱가포르 정부의 '호커 고 디지털Hawker Go Digital'이라는 포용금융 정책의 일환이다. 성공하면 글로벌 이니셔티브의 청사진으로 부상할 것이 기대된다. 싱가포르의 궁극적 목표는 외국인에게도 열려 있는 광대한 개방형 결제 생태계를 만들어, 해외 방문객이 쓰던 앱으로 자신의 로열티 포인트까지 적립할 수 있게 하자는 것이다. 그래서 사각형의 흑백 바코드 큐알 이미지 단하나로 전 세계 모든 결제가 충분할 수 있도록 만들자는 것이다.

싱가포르의 최신 QR 결제가
판매자 편의성 향상을 약속

싱가포르의 상인들은 수십 개의 결제 수단을 단 하나의 큐알 코드로 수취할 수 있다. 이 나라 중앙은행이 2023년 11월 1일부터 시작한 시험사업에 따른 것이다.[4] 이 나라 중앙은행인 싱가포르 통화청MAS, The Monetary Authority of Singapore은 디지털 앱들의 난립에 따른 판매자들의 번거로움을 줄이려 하고 있다.

싱가포르 통화청은 에스지큐알 플러스SGQR+를 테스트 중이다. 에스지큐알 플러스는 상인들이 단 하나의 금융기관에만 가입하면 23개 결제 수단으로부터의 수취가 가능하다. 이들 결제 수단에는 현지 서비스인 그랩페이GrabPay와 쇼피페이ShopeePay는 물론, 중국의 알리페이와 위챗도 포함된다. 싱가포르는 앞서 2018년에 에스지큐알SGQR이라고 불리는 단일 큐알코드를 출시한 바 있다. 에스지큐알은 여러 큐알코드 결제를 결합한 것으로, 현재 30여 개의 결제 제공 업체들과 금융기관들이 이 제도에 참여하고 있다. 과거, 가맹점들은 각 금융기관에 가입해야만 이 통합 큐알코드를 통해 결제를 수취할 수 있었다.

다른 아시아 국가들과 기업들 역시 큐알 결제 표준을 개발해

---

4   https://www.mas.gov.sg/news/media-releases/2023/mas-to-launch-sgqrplus-proof-of-concept-to-enhance-interoperability-for-qr-payments

오고 있다. 중국의 앤트그룹은 알리페이 플러스^{Alipay+}로 아시아의 분열된 결제시장을 연결하려 하는데, 알리페이 플러스는 온라인과 오프라인 매장에서 모두 사용할 수 있다. 이 시스템은 12개 이상의 결제 제공업체와 제휴 중인데, 여기에는 인도네시아의 다나^{Dana}, 그리고 필리핀의 지캐시^{GCash}가 포함된다.[5] 싱가포르는 금융 허브로의 지위를 확대하고자 디지털 결제와 송금 인프라를 강화하려 노력해 오고 있다. 지난 2023년 3월, 싱가포르 통화청과 말레이시아 중앙은행은 양국의 스마트폰 큐알 결제 시스템을 연결하여 국가 간 거래가 가능하게 했다.

---

[5] https://asia.nikkei.com/Business/Finance/Singapore-s-latest-QR-payments-test-promises-to-go-easier-on-merchants

05

포스트 아이폰은
AI 장착된 스마트 레이밴,
그럼 모바일 금융은?

"아이폰의 시대는 저물어 가고 있다!"

대신 안드로이드 폰이 대신 뜬다는 것이 아니다. 스마트폰 전반이 황혼을 맞고 있다는 탄식이다.[1] 그렇다면 스마트폰을 대체할 새 디바이스는? 바로, '인공지능이 장착된 스마트안경'이다. 이 스마트안경은 영화 〈허Her〉의 스칼릿 조핸슨Scarlett Johansson 목소리처럼, 초일류 대학의 지성인이 귀에 속삭이듯 상호 작용한다. 터치스크린 시대의 종말을 이미 감지라도 한 듯 처음에는 메타가, 뒤이어 애플이 자체 증강현실AR·가상현실VR 헤드셋을 잇달아 출시했다.

---

1 https://www.economist.com/business/2023/10/05/so-long-iphone-generative-ai-needs-a-new-device

미국 기술 업계는 메타의 레이밴Ray-Ban과 협업한 스마트 안경에 열광하고 있다. 생성형 인공지능AI의 가상 비서가 바로 이 스마트안경에 장착됐기 때문이다. 이 안경은 착용자의 질문에 답하는 것은 물론, 보고 들을 수도 있다. 오픈에이아이OpenAI는 이미 '보고, 듣고, 말하는 챗지피티ChatGPT'의 개발 완료를 발표했다. 이 회사는 애플 전 디자이너였던 조니 아이브Jony Ive와 인공지능용 도구 개발도 논의하고 있는데, 이 기기는 스마트폰 방식의 터치스크린에 더 이상 의존하지 않는다.

아이폰은 어떻게 될까? 영국 경제주간지 〈이코노미스트econo-mist〉는 챗지피티의 오디오 아바타인 "스카이Sky를 한번 써 보라"고 권한다. 〈이코노미스트〉가 스카이에 "아이폰은 어떻게 될까"를 물어보니 "증강현실과 인공지능이 탑재된 안경이 스마트폰을 대체할 것"이라고 대답한다. 그래서 "이것이 좋은 일인가"라고 질문하니, 책 두 권을 추천하고 내용 요약해 주었다고 기술했다. 마치 영화 〈허〉의 스칼릿 조핸슨처럼, 스탠퍼드대학의 지성인이 속삭이는 듯했다고 전했다.

실제로 애플은 2024년 6월 미국 캘리포니아 쿠퍼티노 애플파크에서 개최한 '세계개발자회의WWDC'에서 생성형 음성 인공지능 '시리Siri'로 스마트폰을 제어하는 방법을 공개했다. 아이폰에 말만 하면 된다. 시리는 회의록을 요약해 동료와 공유해 달라고 요청하면 이를 수행해 준다. 스케줄을 짜달라고 하면 이를 만들어

주는 등 이용자의 각종 정보를 찾고 이해할 수 있다. 특정 자료가 이메일이나 문자, 사진첩 등 어디에 있는지 모를 때도 시리에게 물어보면 곧바로 찾아준다. "엄마가 탄 비행기 도착 시간을 알려달라"고 하면 이메일에 있는 항공편 정보를 통해 시간을 알려주고, 픽업 가는 일정을 나의 개인 일정에 넣어준다.

최근 기술 전문가들은 챗봇 시대에 적합한 '폼팩터form factor(기기의 물리적 외형)'를 논의하고 있다. 인터넷 시대에 스마트폰이 발전했듯이, 챗봇의 상호작용으로는 증강현실·가상현실이 약진할 것이라는 진단이 나온다. 메타의 마크 저커버그Mark Zuckerberg가 이 변화를 예견하고, 투자자들의 만류에도 불구하고 거액을 쏟아부어 왔다. 그가 메타버스metaverse에 열심인 것은 여전하다. 하지만 그는 스마트안경 시장이 더 크다고 확신하고 있다. 저커버그는 증강현실·가상현실로 휴대폰의 스크린을 초월해, 완전히 다른 차원의 삶을 희망한다고 한다.

챗봇의 비즈니스 모델은 초기의 손해가 불가피했고, 안착에는 다소 시간이 걸릴 것으로 예상된다. 현재 챗지피티의 말하는 아바타에 대한 월 구독료는 20달러(약 2만 9,240원)이고, 메타의 인공지능이 탑재된 스마트안경 가격은 299달러(약 43만 7,138원)에 달한다. 여기에 광고와 중개 수익을 붙이는 것은 오랜 시간이 걸릴 것으로 보인다. 메타의 스마트안경은 제품 출시·확장·채택이 모두 이뤄질 때가 돼서야 비로소 수익이 가능해진다. 우선 해결해야 할 과제는 안전 문제이다. 인공지능은 소셜 미디어보다 몰입도가 높아서 이용자에게 고립감과 과도한 애착을 유발할 수 있다.

스마트 안경과 증강현실 헤드셋은 메타 등 콘텐츠 기업들의 아이폰에 대한 의존을 벗어나게 해 줄 것으로 기대된다. 앞서 애플은 소비자 보호를 명분으로 아이폰에서의 데이터 추적 기능을 방해하여 메타 등 콘텐츠 기업들의 광고 비즈니스 모델에 치명타를 입혀 왔다. 애플 역시 메타를 따라 자체 증강현실·가상현실 헤드셋을 출시했다. 스마트폰 제조업체조차 스크린 시대의 해질 무렵을 이미 감지한 듯하다.

이들 헤드셋에서 금융은 어떻게 구현될까? 이용자의 말이 화면 터치를 대신하게 되지 않을까? 홍채와 목소리로의 신원확인 기술이 주목받을 것으로 예상된다.

애플의 정책 하나가 구글-메타의 표적 광고 10년 독점을 완전 해체

아이폰이 황혼을 맞고 있다고는 하지만, 아직은 모바일의 최강자 지위를 굳건히 누리고 있다. 애플이 도입한 '앱 추적 투명성 ATT, App-Tracking Transparency' 정책 하나가 디지털 광고시장을 송두리째 바꿔 놨다.

　디지털 광고시장은 최근 10년간 구글과 메타 양사의 독점 무대였다. 이들 플랫폼 회사는 마치 드론 공격처럼 소비자의 신원 ID을 추적해 정밀하게 타기팅했다. 디지털 광고는 텔레비전 광고를 벌써 제쳤다. 미국에서는 2015년 27%였던 디지털 광고가 2021년 52%로 두 배 가까운 성장을 했다. 머지않아 디지털 광고는 전체의 80%까지 치고 올라갈 것으로 예상된다. 반면, 마치 무턱대고 쏴대는 엄호사격 같은 텔레비전 광고는 이 기간 동안 42%에서 33%로 급락했다.

　드론 공격으로 정밀 표적이 되는 소비자들은 이에 어떻게 반응할까? 스토킹으로 비유되는 개인정보 추적을 무려 5분의 4가 거부하고 있다. 애플은 운영체계 iOS 14.5 출시 이후 아이폰 사용자들에게 개인정보 추적 여부를 선택하도록 한 결과, 오직 5분의 1만이 추적을 허용한 것으로 나타났다.[2]

　독점이 깨져 가는 자리에 새롭게 등장한 주인공은 검색광고 위주의 ① 틱톡, ② 아마존, ③ 애플, ④ 마이크로소프트의 4개 회사이다. 이들은 구글과 메타의 아성에 도전해, 불과 5년 새 디지털 광고 매출의 4분의 1을 잠식해 들어왔다.[3] 애플은 아이폰 등

2　https://www.economist.com/business/2021/10/30/the-three-unknowns-of-the-modern-ad-age#

3　https://www.economist.com/business/2022/09/18/the-300bn-google-meta-advertising-duopoly-is-under-attack

스마트 디바이스 20억 대에 대해 자사 광고를 거의 독점으로 판매하고 있으며, 다른 업체들의 디지털 광고는 하지 못하게 한다. 애플 등 스마트폰 제조업체들의 매출 총액은 2021년 5,300억 달러(약 774조 9,660억 원)였다. 그런데 모바일 광고로 기록한 수입이 무려 3,000억 달러(약 438조 7,200억 원)나 됐다.[4] 광고 수입이 아이폰 판매액의 60%를 차지한 것이다. 애플은 '앱 추적 투명성'을 내세워 메타 등 플랫폼의 사용자 관심사에 대한 타기팅을 방해했다. 앱 추적 투명성은 사용자가 동의하지 않으면 애플의 운영체계 광고 아이디에 서비스가 접근할 수 없도록 하는 것이 핵심이다.

'앱 추적 투명성' 도입으로 검색광고가 없는 메타는 2022년 디스플레이 광고 매출이 100억 달러(약 14조 6,240억 원)나 감소했다. 벌어 놓은 돈이 많은 메타는 그나마 뭐라도 해 볼 수 있지만, 소규모 플랫폼들은 대응할 기술 개발조차 어렵다. 메타는 2027년까지 아마존에게 광고 수익을 추월당할 것으로 시장은 전망하고 있다. 이에 메타는 완전 몰입형 가상현실과 최신 기술인 증강현실을 모두 포함하는 범주인 '확장현실XR, eXtended Reality'에 눈을 돌리고 있다. 휴대폰을 대신할 자신의 광고 플랫폼 구축을 위해 메타는 더욱 발전된 헤드셋을 출시할 예정이다.

4   https://www.economist.com/leaders/2022/04/09/silicon-valleys-search-for-the-next-big-tech-platform

06

X 등 빅테크는 '제2의 WeChat'으로 슈퍼 앱을 꿈꾼다

슈퍼 앱 전략은 글로벌 산업계에서 화두가 된 지 오래다. 한국에서도 금융 지주사마다 은행과 카드, 증권 등 계열사의 통합 앱App을 구축하고, 여기에 배달 앱 등을 붙이는 방식으로 플랫폼 확장을 기대하고 있다. 결제를 비롯해 쇼핑, 메시징, 엔터테인먼트 등 여러 서비스를 하나의 앱으로 통합한, 소위 '에브리싱 앱Everything App' 만들기는 모든 소셜 미디어의 희망 사항이 됐다.

슈퍼 앱은 미국에서 유행하기 시작했다. 대형 유통 업체인 월마트Walmart조차 개발을 추진하던 사안이다. 발상은 간단하다. 밀접한 연관 서비스를 한 앱 내에 가능한 한 많이 집어넣기다.[1] 중

---

1   https://www.economist.com/business/2022/12/08/the-rise-of-the-super-app

국 텐센트^{Tencent}의 위챗 앱이 이 전략의 성공적인 전범이다. 이 앱 사용자들은 위챗 앱 내에서 송금하고, 대출받고, 게임하고, 음식 주문을 하고, 차량을 호출하고, 여행도 예약할 수 있다. 의사를 예약하고, 부동산을 살 수도 있다.

일론 머스크는 '제2의 위챗 만들기' 도전을 선언했다. 그가 인수한 트위터를 엑스로 바꾼 뒤, 엑스를 이 '에브리싱 앱' 만들기의 촉매제로 삼으려 하고 있다. 머스크는 인수 당시 "트위터를 슈퍼 앱으로 만들어, 뱅크오브아메리카보다 더 큰 세계 최대 금융기관으로 성장시키겠다"라고 말했다.[2] 50대인 일론 머스크는 20대 후반에 페이팔을 공동 창업했고, 그 당시부터 '은행업'을 구상해 왔다. 그리고 트위터를 인수한 뒤, "디지털 뱅킹으로, 트위터 2.0을 2,500억 달러(약 365조 6,000억 원)의 가치로 키우겠다"라고 하면서 인수 당시 가치인 200억 달러(약 29조 2,440억 원)의 10배가 넘게 될 것이라고 언급했다. 전략의 핵심은 트위터를 '이용자 금융 생활의 중심'에 두기인데, 기본적으로는 '트위터+페이팔+기타 기능'을 장착한 인터페이스로 만들겠다는 것이다.

메시징 플랫폼에 지급 결제와 전자상거래, 그리고 게임까지 얹으려고 하는데, 디지털 뱅킹으로 앱을 통한 간편 송금과 쉬운 이자 등을 구상하고 있다. 이는 페이팔의 전신인 엑스닷컴$^{X.com}$의

---

2 https://www.wsj.com/articles/elon-musk-revives-old-banking-dream-in-pursuing-250-billion-twitter-valuation-88289aba?mod=Searchresults_pos1&page=1

웹을 만들 때의 비전이었다. 머스크가 이 회사에서 쫓겨나는 바람에 구현시키지는 못했다. 그는 당시, 사용자들의 금융 서비스를 웹 하나로 통합하려 했는데, 이메일 송금 등의 획기적인 혁신이었다. 그는 이제 "트위터로 세계 최대의 금융기관을 만들겠다"라는 야망을 드러내고 있다. 이를 위해 위챗을 베껴 뱅킹·콘텐츠·커뮤니케이션·상거래까지 하나로 된 앱 플랫폼을 구상했다.

그러나 이는 성공의 가능성이 그리 커 보이지 않는 것이 사실이다.[3] 위챗이 에브리싱 앱으로 성장할 수 있었던 과거 중국의 상황을 현재 미국에서 복제하는 것은 거의 불가능하기 때문이다. 위챗과 그 경쟁 업체인 알리페이는 중국 시장에서 모바일 기기의 폭발적 성장으로 반사이익을 봤다. 주요 비즈니스 모델은 트위터와 달랐다. 광고가 아니라, 거래와 참여를 비즈니스 모델화한 것. 스마트폰 생태계가 완전히 다르다. 활성 이용자 수에서부터 엑스는 위챗과 도저히 비교되지 못한다. 위챗의 월간 활성 이용자는 2024년 13억 4,300만 명으로 집계됐다. 반면, 엑스의 월간 활성 이용자는 6억 1,100만 명 수준으로, 위챗의 절반에도 미치지 못했다.[4] 게다가 엑스의 수익은 위챗의 5분의 1에 불과했다.

위챗은 어떻게 해서 슈퍼 앱이 될 수 있었을까? 모기업인 텐센

---

3   https://www.wsj.com/articles/the-everything-app-delusion-11665185503?mod=Searchresults_pos3&page=4

4   https://www.statista.com/statistics/272014/global-social-networks-ranked-by-number-of-users

트는 위챗을 위해 자사의 과거 메신저 큐큐^{QQ}에 대한 자기시장
잠식^{Carnivalization}(기존에 출시됐던 제품이 같은 기업에서 출시된 새로운
제품에 의해 판매량이 감소하거나 시장 점유율이 감소하는 것)까지 불
사했다. 위챗 출시 당시인 2011년 중국의 기업 환경도 매우 유리
하게 작용했다. 갑작스러운 스마트폰 보급이 '에브리싱 앱'의 활
성화를 거들었다. 당시 중국에서 인터넷 환경과 결제 인프라는
미비했다. 중국은 당시 신용카드 사용자가 거의 없는 현금 중심
경제였다. 텐센트와 알리바바가 도입했던 온라인 결제는 카드를
뛰어넘어 빠르게 자리 잡을 수 있었다. 게다가 텐센트 등은 중국
의 거의 모든 유망한 인터넷 벤처를 인수하거나 지분을 통제하
고 있었다. 그 결과, 위챗이 슈퍼 앱으로 성장할 수 있었다. 위챗
사용자들은 현재 대부분의 모바일 서비스를 위챗의 '미니앱^{Mini}
^{App}'을 통해 사용 중이다.

텐센트와 알리바바는 중국의 결제 비즈니스를 대부분 디지털
화했다. 두 거대 핀테크 기업은 일단 결제 서비스로 소비자들을
유인한 다음, 수집된 데이터를 기반으로 알고리즘을 이용해 대
출과 기타 금융 서비스를 제공하고 있다. 현재 중국의 디지털 결
제 중 90% 이상이 이 두 개의 앱으로 진행 중이다. 알리페이 모
델은 다른 나라에서도 널리 모방되고 있다. 인도 핀테크 기업 페
이티엠^{Paytm}은 인도에서 알리페이를 모방한 '폐쇄형 핀테크 생태
계'를 만들려 하고 있다. 동남아시아의 양대 슈퍼 앱인 그랩^{Grab}

과 고젝^{Gojek}도 이 중국 모델을 복제한 것. 그랩은 차량 공유 서비스로 시작해, 2016년 모바일 간편 결제 서비스인 그랩페이^{GrabPay}를 출시하고 보험 판매, 대출 등 서비스를 잇달아 내놨다. 고젝 역시 승차 공유 서비스로 출발해, 물류와 핀테크, 엔터테인먼트, 헬스케어 등의 영역으로 사업을 확장해 왔다.

그러나 미국에서의 비즈니스 환경은 전혀 딴판이다. 엑스가 만약 차량 호출 사업을 하고 싶다면? 우버 등 해당 사업별로 자리 잡은 독립적 앱을 파트너로 삼아야 한다. 미국인들은 벤모를 사용해 친구에게 돈을 전달하고, 스냅챗^{Snapchat}으로 사진을 공유한다. 우버를 사용해 차량을 이용하고, 도어대시^{DoorDash}로 음식을 주문한다. 엑스는 뉴스를 공유하는 용도로 많이 사용되고 있다. 엑스는 위챗처럼 미니 앱을 통한 '게이트 키퍼'가 되기를 소망하지만, 다른 앱들이 이를 용인하기는 쉽지 않다.

옛 트위터의 공동 창업자 잭 도시^{Jack Dorsey}도 결제 앱인 블록^{Block}과 트위터의 통합을 추진했지만, 결국 무산되고 말았다. 메타의 저커버그는 과거 리브라 가상화폐^{Libra cryptocurrency} 등 금융과 결제 서비스를 도입하기 위해 여러 번 시도한 바 있다. 스냅^{Snap}도 영화 예약, 명상 등의 기능을 추가했으나 실패한 사례이다. 우버는 차량 호출에 그치지 않고 음식, 소매 배달도 시도하고 있다. 게다가 독점 규제가 덜한 중국과 달리, 미국에서는 한국의 공정 거래위원회에 해당하는 연방거래위원회^{FTC, Federal Trade Commission} 등

경쟁당국의 엄격한 사후 규제도 큰 위험 요소다.[5]

한국의 카카오, 일본의 라인Line, 인도네시아의 그랩 등이 에브리싱 앱을 지향하고 있다. 동남아에서도 고투Goto 등 슈퍼 앱이 급성장하고 있다. 이 회사는 현지 승차 공유 서비스 업체인 고젝과 인터넷 장터인 토코피디아Tokopedia의 합병회사이다. 현지에선 또 다른 승차 공유업체 그랩과 고투가 슈퍼 앱 서비스 구현을 두고 경쟁 중이다.

한국 금융 지주사들도
쇼핑, 배달, 통신 담은 슈퍼 앱 전쟁 돌입

한국에서 보통 성인은 은행, 보험, 주식, 간편 결제 등 6~7개의 앱을 사용하고 있다. 20대 이상 성인 남녀 500명을 대상으로 '결제·금융 관련 앱 이용 경험'을 설문 조사한 결과, 현재 스마트폰에 설치한 결제·금융 관련 앱은 평균 6.84개로 나타났다. 그러나 너무 많은 것 아닌가. 편리한 앱 하나로 예·적금과 보험 상품에 가입하고, 대출을 받고, 주식 거래도 하고, 투자자문까지 받는 것을 누구나 희망한다. 응답자들이 적절하다고 생각하는 금융 앱

5   https://www.ft.com/content/71be98b4-b835-4dd0-8872-c745733ef650

은 5개 미만이었다.[6]

금융 소비자의 수요에 따라 한국의 금융 지주사들도 슈퍼 앱 경쟁에 가세하고 있다. 각 지주사는 저마다 은행과 카드, 증권, 보험 등 서비스를 앱 하나에 모으는 한편, 쇼핑과 배달, 통신 등 비금융 서비스로 업무를 확대하려 한다. 이들은 여신(금융기관이 자금을 대출하거나 보증하는 것)과 수신(금융기관이 예금을 받아 자금을 조달하는 것), 펀드 판매까지 비대면 디지털 금융을 핵심 성장 동력으로 삼아 자사의 플랫폼 고도화에 주력하고 있다.

하나금융은 지난 2020년 '하나원큐' 앱을 내놨다. 카드, 증권, 캐피털, 저축은행, 손해보험, 생명보험 등의 자산을 한눈에 볼 수 있는데, 메인화면에서 총자산과 총지출 등 자산관리 정보를 쉽게 확인할 수 있게 만들었다. 2024년 하반기 현재 하나원큐 가입자는 1,609만 명에 달한다. 이에 따라, 2024년 상반기 하나은행의 신용대출 11만 6,000여 건 가운데 무려 95%에 해당하는 11만 909건이 이 앱을 통한 것으로 집계됐다. 같은 해 1~6월까지 앱을 통한 펀드와 예·적금 가입자도 각각 81.7%와 68.6%로 나타났다.

우리금융지주는 '우리원WON뱅킹' 앱을, 엔에이치NH농협금융지주는 '엔에이치 올원 뱅크' 앱을 각각 선보이며 뱅킹 서비스를 비롯한 금융 계열사의 핵심 서비스를 제공하고 있다. 우리원 뱅

---

6   https://www.hankyung.com/economy/article/202105185966i

킹 앱은 홈 화면에서 나만의 맞춤상품과 다양한 이벤트를 볼 수 있다. 우리 아이의 금융 생활 시작을 위한 우리아이, 10대 전용 간편 금융 서비스, 20대를 위한 스무살 우리, 직장인을 위한 우리 직장인 셀럽 등 생활 금융 서비스를 목표로 한다. 상품 존에서는 기간과 금액을 내 마음대로 설정하는 원 플러스 예금, 직장인 고객을 위한 우리 원하는 직장인 대출 등 특화상품을 내놓고 있다. 이 결과, 2024년 상반기 기준 우리은행의 신규 적립식 예금 가입자 가운데 95.7%가 비대면으로 이뤄졌다고 조사됐다.

신한금융은 2023년 말 '신한 슈퍼 쏠SOL'을 슈퍼 앱으로 출시했다. 첫 화면에 은행, 카드, 증권, 보험 조회와 원클릭 송금, 결제 기능을 통합했다. 한 번에 다양한 금융사의 상품과 서비스를 모아주는 '원클릭 통합 대출'과 '원클릭 통합 투자' 서비스가 특징이다. 예를 들어, 1억 원의 대출이 필요한 고객이라면 이 앱을 통해 은행, 카드, 보험, 저축은행 4개 사의 한도를 한꺼번에 확인할 수 있다. 이뿐만 아니라 최적 금리로 구성된 대출 포트폴리오까지 받아볼 수 있다. 이를 통해 신한금융은 은행 고객을 증권이나 보험으로 유입시켜 교차 이용률을 높이는 효과를 보고 있다. 2024년 상반기 신한은행의 신용대출 중 81%가 쏠을 통해 이뤄졌고, 예금의 66%, 적금의 87%가 비대면 신규 가입이었다.

엔에이치 올 원뱅크 앱은 간편 비밀번호, 지문 인증, 패턴 등 나만의 간편 방식으로 쉬운 인증을 도입했다. 내가 원하는 시간에 송금하는 예약 송금, 복사한 계좌번호로 바로 송금 등의 기능을 갖췄다. 미성년자 자녀의 계좌개설도 비대면으로 쉽게 할 수 있도록 만들었다. 꽃 구매, 택배, 공동구매 등도 서비스한다. 이에 따라, 2024년 1~6월 저축성 예금과 신용대출 상품의 75.1%와 69.9%가 플랫폼을 통한 판매를 나타냈다.

케이비^{KB}금융은 슈퍼 앱으로 '케이비 스타뱅킹'을 선보였다. 관공서와 병원 등에서 신분 확인이 필요할 때 실물 신분증 대신 앱의 주민등록증 모바일 확인 서비스를 이용할 수 있다. 그리고 이 앱 전용 통신요금제도 운영한다. 해외 직구 때 개인통관고유부호도 발급해 준다. 케이비 스타뱅킹의 월간 활성 이용자 수^{MAU}는 2024년 하반기 1,240만 명을 넘어섰다.

비은행 금융사인 삼성 금융네트웍스도 삼성카드, 삼성생명, 삼성화재, 삼성증권의 서비스를 하나로 모은 모니모^{monimo}를 선보였다. 자산관리는 물론, 오늘의 뉴스부터 투자 트렌드, 운동, 건강관리, 노후 준비 등 생활 정보를 제공한다.

한국에서 금융의 슈퍼 앱에 가장 근접해 있다고 평가받는 것은 토스다. 토스뱅크와 토스증권 서비스가 토스 앱 하나에 구현된다. 한 달 동안의 수입과 소비를 시간순으로 모아볼 수 있고, 소비 분석 리포트도 제공한다. 실적을 충족한 카드가 무엇인지, 얼마나 더 써야 실적을 달성하는지 등도 확인할 수 있다.

PART 3

네트워크 산업의
금융 융합

금융 네트워크 산업의 발전은 금융 산업 전반에 걸쳐 다양한 융합을 만들어 혁신을 이끌고 있다. 네트워크 산업과의 융합으로 인해 금융은, 서비스의 디지털화, 효율성 향상, 보안 강화는 물론, 새로운 금융 결제 시스템까지 등장시킬 수 있었다. 금융 네트워크의 발전은 미국 등 주요 선진국들에서는 물론, 인도 등 개발도상국에서 실시간 결제 도입을 촉진했다.

미국에서는 즉시 결제 시스템인 페드나우Fed Now(연준에서 출시한 실시간 총액 결제 시스템)가 최근 도입되면서 더 많은 사람에게, 더 저렴한 비용으로 서비스를 제공할 수 있게 됐다. 네트워크의 속도와 안정성이 크게 향상됐기 때문이다.

인도, 브라질과 케냐 등에서는 독자적 금융 네트워크가 금융 포용성(금융 서비스에 접근할 수 있는 기회의 가용성과 평등성) 개선에 중요한 역할을 하고 있다. 네트워크 발전은 전통적인 금융 인프라가 부족했던 이들 지역에서 결제를 가능하게 해 줬다. 이들 개발도상국에서는 치안에 불안이 있던 은행 지점으로의 방문 없이도 온라인 또는 모바일 애플리케이션을 통해 계좌개설, 송금, 투자, 대출 등 금융 서비스를 누릴 수 있게 됐다. 이들 개발도상국의 결제 시스템은 미국보다 공평하고, 유럽보다 혁신적이며, 중국보다 투명하다고 평가된다.

이들 지역의 금융 네트워크 발전에 따라 금융 서비스의 접근성과 포용성, 그리고 편의성은 더욱 높아지고 있다. 이로 인해 전자 결제, 모바일 결제, 근거리 무선통신, 큐알 결제 등의 다양한 결제 방식이 등장하게 됐다. 이러한 결제 방식은 실시간으로 처리돼 소비자는 안전하고 빠르게 결제를 진행할 수 있다.

미국의 지급 결제 산업에서는 스트라이프, 페이팔, 블록, 아디엔 등 '4대 천황'이 비즈니스 혁신을 이끌고 있다. 이들을 포함한 금융기술의 도전기업들로, 비자와 마스터카드 등 기존 독과점 업체들이 '코닥의 순간'을 맞을 수 있을지 금융업계의 관심이 집중된다.

금융 네트워크의 발전은 전 세계에서 이루어지는 글로벌 결제를 더욱 효율화하고 있다. 미국이 사실상 주도하는 '국제은행 간 통신협회 네트워크'에 이어, 중국도 자체 글로벌 결제 네트워크인 '국경 간 자금 결제 시스템'를 운영하기 시작했다. 이와 함께 중국은 디지털 위안이라는 중앙은행 디지털화폐 도입을 통해 미국의 금융패권에 대항하려 한다. 이들 간의 경쟁으로 글로벌 금융기관들 사이의 결제 속도는 더욱 빨라지고, 수수료는 점차 내려가고 있다. 이더리움, 리플 등 금융 신기술의 국제 결제에 대한 도전도 거세다.

비자와 알리페이의 대안, 인도·브라질의 '개방형 즉시 결제 시스템'

한국에는 삼성페이, 중국에는 알리페이가 있다면, 인도에는 '통합 결제 인터페이스^{UPI, Unified Payments Interface}'가 주요 디지털 결제 시스템이다. 인도 정부가 운영하고 있어서 비용이 없고, 현금만큼 송·수금을 쉽게 할 수 있다. 통합 결제 인터페이스로 인도에서는 계좌 간의 즉시 이체가 가능하다. 개인 큐알코드를 스캔하거나, 통합 결제 인터페이스 아이디^{ID}, 휴대전화 번호, 가상 결제 주소 등을 입력해 돈을 송금한다. 온라인 쇼핑, 공과금 납부 등도 가능하다.

일단 디지털 결제가 시작되면, 판매자의 비즈니스와 구매자의 구매 습관에 대해 실시간 데이터가 만들어진다. 이들 데이터는 은행이나 보험사들이 금융 거래 기록을 전혀 갖고 있지 않거나 또는 금융 자산이 충분하지 않은 고객에게 접근할 수 있도록 해 준다.[1] 신용공급은 대출자의 신용도 파악이 어려운 빈국에서 더 큰 가치를 갖는다. 선진국 사람들은 잘 관리된 기록 시스템을 통해 대부분이 최신 금융 서비스를 이용하고 있다. 담보로 제공할 수 있는 자산도 충분히 보유하고 있다. 그런데 이제 인도 같은 신흥국에서도 통합 결제 인터페이스 같은 디지털 금융 시스템을 통해 서구를 따라잡을 가능성이 생겼다.

통합 결제 인터페이스는 인도 정부가 2016년 고액권 지폐의 발행을 중단하는 '화폐 개혁'을 단행하면서 이용이 활성화됐다. 코로나19로 인해 소비자들이 현금 사용을 기피한 것도 이용 촉진의 주요 요인이다. 통합 결제 인터페이스 이용 비중은 2019년 310억 건의 디지털 거래 중 17%에서 2022년에는 884억 건 중 52%까지 늘었다.

통합 결제 인터페이스는 나렌드라 모디Narendra Modi 인도 총리가 "전체 실시간 디지털 결제 부문의 약 40%를 차지해 세계를 선도하고 있다"라고 자랑하는 아이템이 됐다. 중국의 알리페이와는 달리, 개방형 시스템이다. 사용자는 자신의 금융 기록을 다른 경쟁사들로 옮길 수 있다. 큐알코드나 기억하기 쉬운 가상 아이디를 통해 쉽게 이용할 수 있게 만들어졌다. 구글의 최고경영

---

1   https://www.economist.com/special-report/2023/05/15/a-digital-payments-revolution-in-india

자인 선다 피차이^{Sundar Pichai}가 "통합 결제 인터페이스, 아드하르 Aadhaar(인도의 디지털 신분증 시스템), 페이먼트 스택^{payments stack}(결제의 모든 구성 요소)으로 인도가 이뤄낸 성과를 보라"며 찬사를 보낼 정도다.[2] 통합 결제 인터페이스는 2022년에 1조 달러(약 1,462조 원) 이상의 거래를 처리했는데, 이는 인도 국내총생산^{GDP}의 3분의 1에 해당하는 규모다.

이 인도식 결제 모델은 다른 국가들에도 영감을 주고 있다. 그중 하나가 브라질의 픽스^{Pix}로,[3] 소액의 수수료로 은행 간 결제를 지원하는 서비스다. 2020년 11월 출시된 이래, 현재 브라질 전자 결제의 약 30%를 차지하고 있다. 인도와 브라질의 개방형 즉시 결제 시스템은 '선진국의 은행·카드 모델'과 '중국의 폐쇄형 핀테크 모델'에 대한 대안을 보여준다. 잘 설계된 네트워크이기에 큰 비용은 들지 않는다.

이들 신흥국은 이 즉시 결제 시스템을 바탕으로 다른 금융 서비스의 발전을 가속화하고 있다. 2011년 등장한 알리페이의 큐알 결제는 중국 내의 현금을 대체했다. 이후 접근성 제고를 목표로 인도에서는 통합 결제 인터페이스가, 브라질에서는 픽스가 각각 서비스를 개시했다. 이에 따라 전 세계적으로 지폐와 동전

---

2   https://economictimes.indiatimes.com/tech/technology/exclusive-country-has-set-shining-example-with-upi-aadhaar-india-stack-sundar-pichai/articleshow/96379016.cms?from=mdr

3   https://www.bcb.gov.br/en/financialstability/pix_en

사용이 3분의 1로 줄었다.

　현재 글로벌 결제시장의 규모는 45조 달러(약 6경 5,790조 원) 수준. 국경을 넘나드는 비투시B2C, Business-to-Consumer(기업 대 소비자)가 5조 달러(약 7,309조 원)이고, 비투비B2B, Business-to-Business(기업 대 기업)는 40조 달러(약 5경 8,464조 원)가량이다. 이 거대한 시장을 놓고 현재 다음 세 글로벌 플레이어가 경쟁을 벌이고 있다.

　첫째는 서구로, 사실은 미국이다. 비자-마스터카드 독점과 스위프트SWIFT, Society for Worldwide Interbank Financial Telecommunication(국제은행 간 통신협회)[4] 등 레거시가 주도권을 행사하고 있다.

　둘째는 서구의 도전자인 중국이다. 위안화 국제 결제 시스템인 킵스CIPS, Cross-border Interbank Payment System(국경 간 은행 결제 시스템)[5]와 알리페이·유니온페이UnionPay 등을 키우고 있다.

　셋째는 인도다. 인도는 전 세계로의 통합 결제 인터페이스 결제 확산에 대한 야망을 보이고 있다.

　주지하다시피, 중국의 대응은 맹렬하다. 킵스를 통해 위안화를 매개 통화로 만들어, 국경 간 지급 결제 시스템을 주도하려 하고 있다. 가맹점 숫자의 경우, 비자가 1억 곳인데 비해 유니온페이는 6,500만 곳에 그치고 있다. 그러나 거래량을 기준으로는 유니온페이가 세계 최대의 카드 네트워크다. 알리페이 가맹점도

4　https://www.swift.com
5　https://www.cips.com.cn

현재 해외에 250만 곳이 있다.

인도 역시 열심히 대응하고 있다. 현재 30여 개 국가와 결제 시스템 연결 수출을 협의 중이다. 인도의 통합 결제 인터페이스는 인접한 싱가포르의 즉각 결제 시스템과 연결돼 있다. 소비자들은 각자 자국의 플랫폼을 사용해서 상대 국가에서도 결제할 수 있다. 인도 정부는 전 국민이 은행 계좌를 갖게 하자는 '잔 단 요자나Jan Dhan Yojana' 제도를 통해 통합 결제 인터페이스에 대한 접근성을 크게 높였다. 새로운 결제 시스템은 심지어 '신용 붐'을 일으키는 효과도 봤다. 컨설팅 회사 이와이EY에 따르면, 인도에서 핀테크 기업들의 대출 공급 규모는 2012년 90억 달러(약 13조 1,562억 원) 수준에서 2022년 2,700억 달러(약 394조 6,590억 원)까지 무려 30배가 증가했다. 인도 핀테크 기업들의 대출 공급 증가 추세는 더 가속화될 수 있다. 유럽의 오픈뱅킹처럼, 인도는 이용자가 자신의 금융 기록을 타 경쟁사로 보낼 수 있게 해 주기 때문이다.

국가의 지원은 개방형 플랫폼의 성장에 중대한 역할을 했다. 인도 중앙은행은 일정 규모 이상의 소매업체들에 대해 통합 결제 인터페이스 결제를 의무화했다. 서비스 활성화에 발 벗고 나선 것이다. 수수료 무료를 강제하면서 통합 결제 인터페이스 참여자들에게는 보조금을 지급했다. 브라질도 픽스 서비스 제공을 은행들에 의무화하고 있다. 픽스의 평균 수수료는 미국 신용카드의 10분의 1에도 못 미치는 0.2%다. 은행들의 참여를 겨냥한 인센티브로는 높다고 하기 어렵다.

인도식 결제 시스템을 옹호하는 사람들은 이 통합 결제 인터페이스가 핀테크와 은행 간의 경쟁을 촉진한다는 것을 장점으로 꼽는다. 선진국에서는 비자와 마스터카드가, 중국에서는 알리페이와 위챗페이가 결제 시스템을 장악하고 막강한 시장 지배력을 누리고 있다. 이 집중화 경향을 인도의 통합 결제 인터페이스와 브라질의 픽스가 깨뜨릴 수 있다고 보고 있으며, 옹호자들은 인도와 브라질의 이들 모델이 공익사업이라고 생각한다.[6]

통합 결제 인터페이스는 방대한 데이터를 기반으로 은행과 핀테크 기업들이 신규 고객을 확보할 수 있는 유용한 채널이 되고 있다. 디지털 결제로 쌓인 데이터는 고객 유치를 위한 수단이 돼 대출 서비스로 연결된다. 2023년 3월 인도 중앙은행은 피처폰용 통합 결제 인터페이스를 출시했다. 시스템에 대한 접근성을 더 확대하고, 서비스를 해외로 진출시키기 위해서였다. 피처폰용 통합 결제 인터페이스는 싱가포르의 결제 시스템인 페이나우PayNow와도 연동됐다. 이에 따라, 3%라는 상대적으로 저렴한 수수료로 해외 송금을 할 수 있게 됐다. 알리페이가 중국 밖에서도 통용되는 것처럼, 인도는 통합 결제 인터페이스가 두바이나 런

---

6   https://www.ft.com/content/cf75a136-c6c7-49d0-8c1c-89e046b8a170

던 등 해외에서도 하나의 결제 옵션이 되기를 바라고 있다. 이대로 된다면 인도식 모델은 분명히 '서구의 은행·카드 네트워크'에 대해 새로운 경쟁 상대가 된다.[7]

그럼, 중국과 인도 등이 서구의 결제 지배에 대해 이같이 반격하는 이유는 무엇일까? 서구에 대한 의존도를 낮추려는 것이 주요 배경 가운데 하나다. 실제로, 러시아의 카드 네트워크인 미르Mir는 러시아의 옛 우크라이나 지역 크리미아Crimea 강제 병합 이후 출범했다. 비자와 마스터카드가 러시아에서 철수했을 때, 러시아는 미르를 앞세워 그 여파를 최소화할 수 있었다. 러시아가 2020년 스위프트로부터 배제된 이후에는 중국이 주도하는 킵스 거래량이 급증한 바 있다. 킵스를 통해 이루어지는 거래량은 2023년 하루 평균 4,820억 위안(약 95조 8,890억 9,000만 원)으로 2022년보다 무려 24%가 증가한 수치다. 이에 비해 스위프트는 하루에 약 34조 달러(약 4경 9,677조 4,000억 원)를 처리한다.[8]

서구로부터의 의존도를 낮추는 것 외에도 이들 나라는 자국민들의 국제 거래에 편의성을 높이려 한다. 더 나아가 이들은 글로벌 결제시장에 대한 영향력까지 노린다. 전 세계 금융 인프라에 대한 통제도 이들은 열망한다. 킵스의 경쟁 압박으로 스위프트

7   https://www.economist.com/special-report/2023/05/15/a-digital-payments-revolution-in-india
8   https://www.economist.com/special-report/2024/05/03/national-payment-systems-are-proliferating

는 투박했던 시스템을 업그레이드해 왔다. 이 결과, 송금 비용은 10년간 3분의 1로 줄었다.

인도·케냐의 전자 결제가 미국보다 공평, EU보다 혁신적이고, 중국보다 투명

큐알코드를 스캔하면 사용자가 즉시 자금을 이체할 수 있는 통합 결제 인터페이스UPI 시스템이 인도의 일상생활을 변화시키고 있다. 통합 결제 인터페이스가 2015년 인도에 도입된 이후, 인도인들은 "삶이 훨씬 더 쉬워졌다." 최근 몇 년 동안 인도 당국이 14억 인구를 온라인에 연결하기 위한 전례 없는 노력을 시작한 결과다.

현재 인도인들은 채소 상인부터 의사까지 모두에게 통합 결제 인터페이스로 지불한다. 2023년 통합 결제 인터페이스 거래량은 1,000억 건을 넘었다. 2030년까지 하루 20억 건의 거래를 목표로 하고 있다. 이 통합 결제 인터페이스에 대해 지지자들은 ① 미국의 자유방임적 접근 방식보다 더 공평하고, ② 유럽연합EU의 과도한 규제 모델보다 더 혁신적이며, ③ 중국의 전체주의적 양식보다 더 투명하다고 주장한다.[9] 이 노력의 중심에 있는 것은 소위 '인디아 스택India Stack'이다. 이는 정부 지원의 응용프로그래밍 인터페이스^{API, Application Programming Interface}로 프로그램 간의 연결고리 역할을 한다.

인디아 스택은 인도 전 국민의 지문과 홍채 정보를 디지털화하는 국가 프로젝트다. 이를 기반으로, 제삼의 개발 업체들이 정부 아이디^{ID}, 결제 네트워크, 그리고 데이터에 액세스하는 소프트웨어^{SW}를 구축할 수 있다. 이 디지털 인프라는 상호 운용이 가능하고 서로 '(잘 정비된) 구성 요소^{Stack}'가 돼 있다. 인도 민간 기업도 인디아 스택을 기반으로 국가 서비스와 통합된 앱을 구축할 수 있다. 소비자에게는 복지 지급부터 대출 신청까지 모든 것에 대한 '끊김 없는' 액세스를 제공할 수 있다.

지지자들은 인도가 '온라인 공유지'의 구축과 규제를 위한 세계 최고의 해결책을 찾았다고 주장한다. 인도는 이미 여러 국가와 협력해 자체 프로그램들을 시작했다. 필리핀과 모로코는 인도산 디지털 신원확인 시스템을 사용하고 있다. 자메이카는 코로나19 예방 접종 증명서에 인도의 기술을 활용했다. 싱가포르는 최근 인도와의 디지털 결제 시스템을 연결해 40만 명의 인도 출신 자국민들이 즉시 해외로 송금할 수 있도록 했다. 전 세계 어디에도 이 정도로 빠르고 저렴한 송금 서비스는 없다고 평가된다.

2022년 유엔개발계획의 추정에 따르면, 디지털 공공 인프라

<hr>

9   https://www.ft.com/content/cf75a136-c6c7-49d0-8c1c-89e046b8a170

가 2030년까지 저소득 그리고 중간 소득 국가에 1.4%의 성장을 추가시킬 수 있다. 이는 금융 포용을 가속화할 뿐 아니라, 국가를 '도약'시킬 수도 있다. 인도는 2024년 초부터 통합 결제 인터페이스 서비스를 싱가포르, 아랍에미리트UAE에 이어 프랑스까지 확대했다. 국경 간 지불에 들어가는 최소 4%의 이체 수수료는 4분의 1로 줄어들었다.[10]

인도는 디지털 인프라를 뒷받침하는 기술 중 상당수를 누구나 사용할 수 있도록 공개해 왔다. 이를 통해 ① 과도한 국가 통제, ② 미국 등 선진국의 아마존과 구글 같은 빅테크 기업의 시장 장악 등을 방지할 수 있다. 인도의 디지털 인프라 기술 공개는 기업의 혁신을 위한 강력한 도구가 됐다. 통합 결제 인터페이스의 상호 운용성 덕분에 고객들은 어떤 은행이나 앱을 선택하든 통합 결제 인터페이스를 거래 진행에 사용할 수 있다.

아프리카에서는 케냐의 통신회사가 지급 결제 혁명을 주도하고 있다. 휴대폰을 통해 타인에게 송금받은 돈보다 더 많은 금액을 초과 인출할 수 있도록 만든 것이 변화의 시작이었다. 케냐의 통신사 사파리컴Safaricom이 2019년에 도입한 이 서비스는 풀리자Fuliza('계속해서 어떤 것을 하다'라는 뜻의 현지 스와힐리어)로 불린다. 통신사 입장에서는 송금 서비스를 대출로 확장시키는 것

10 https://www.bloomberg.com/news/newsletters/2024-02-15/india-s-upi-payments-reaches-paris-singapore-uae-marking-global-ambitions

이 위험하게 보일 수 있다. 하지만 사파리컴은 이 송금 초과 인출이 생각보다 훨씬 리스크가 작다는 것을 발견해 냈다. 케냐의 고객이 휴대폰 계좌에 잔액을 충전한 후 이틀 이내에 이러한 거래의 58% 이상을 반복한다는 것을 관찰한 결과다.[11] 사파리컴은 2023년 64억 달러(약 9조 3,510억 4,000만 원)를 폴리자 초과 인출 서비스를 통해 고객들에게 지급했다. 평균 인출 금액은 약 2달러 (2,922.2원)에 불과했지만, 복잡한 신용 조사가 필요 없어 정식 대출보다 훨씬 간편했다.

디지털 금융은 신흥국에서 발전의 원동력이 돼 왔다. 대표적 사례가 2007년에 출시된 사파리컴의 모바일 머니 서비스 엠 페사M-PESA다. 스와힐리어로 '돈'을 뜻하는 엠 페사는 당초 기본 피처폰에서 작동하는 기본 송금 시스템으로 출발했다. 전 세계 글로벌 결제시장이 이 서비스로 급변하게 됐다. 이 서비스의 사용자들은 휴대폰 심SIM, Subscriber Identification Module(가입자 인식 모듈) 카드에 연결된 계좌로 충전해서 해당 금액을 결제에 사용할 수 있다. 충전은 지정된 통신사의 대리점에 가서 현금을 건네면 된다. 결제 내용은 친구, 가족, 매장 등 상대방에게 단문 메시지 서비스 SMS, Short Message Service로 전송된다.[12] 단문 메시지 서비스에는 출금

---

11 https://www.forbes.com/sites/christianstadler/2024/06/11/m-pesa-why-the-worlds-first-large-mobile-payment-platform-keeps-on-winning

12 https://www.ft.com/content/93ed950e-4420-420f-9ad5-0a932230468b

액, 잔액, 수수료 등이 기재된다. 전통적인 은행 서비스와는 달리 엠 페사는 은행 계좌나 최소 잔액 요건이 필요 없다. 빠른 결제가 가능하다는 것이 장점으로, 몇 분 안에 거래가 완료된다. 현재 가입자는 5,000만 명이 넘는다.

이 시스템은 케냐에서 인근 국가들로 빠르게 확장돼 아프리카 금융 시스템의 근간이 되고 있다. 서비스 지역은 케냐는 물론, 남아프리카공화국과 콩고민주공화국, 가나, 모잠비크, 이집트, 에티오피아 등 7개국이다. 연간 거래액은 3,140억 달러(약 458조 8,796억 원)가 넘는다.[13] 현재 케냐 가계의 90% 이상은 엠 페사를 사용하고 있다. 송금이 더욱 쉽고 편해지면, 소비자들의 지출은 늘어난다. 학계에 따르면, 엠 페사가 케냐의 극빈층을 2% 이상 감소시킨 것으로 추산된다.[14]

13   https://www.ft.com/content/09229ea0-aa7b-4121-b5c5-9cff60cae11f
14   https://www.economist.com/leaders/2023/05/18/the-fight-over-the-future-of-global-payments

미 은행들이
'뱅크런' 내세워 반발해도
연준은 즉시 결제 페드나우 도입

미국에서 생활한 이들은 모두 체험해 봤을 것이다. 1970년대에 도입됐던 미국의 은행 송금 시스템은 돈을 전달하는 데 며칠이 걸린다. 미국의 은행에 수표로 입금할 경우, 이 수표의 진위가 확인될 때까지는 전달이 불가능했다. 급여 이체, 자금 이체는 은행의 영업일에만 할 수 있었다. 은행 영업시간이 아닌 경우, 이체 수수료는 더욱 비쌌다. 업무 처리에는 며칠씩 소요되는 경우도 드물지 않았다.

미국에서 몇 시간에서 며칠씩 걸리던 은행 업무가 2023년부터 거의 실시간 송금으로 바뀌었다. 미국에서도 드디어 중앙화된 즉시 결제 시스템이 도입된 것이다. 즉시 결제 시스템의 이름은 '페드나우^{FedNow}'로, 미 연준이 직접 추진해 온 24시간 365일 이용이 가능한 자금 이체 시스템이다. 페드나우를 통해 미국인들은 비로소 전자 방식으로 돈을 즉시 이체할 수 있게 됐다. 연준의 대규모 첫 시스템 업그레이드로, 미국인들은 몇 초 내에 송·수금이 가능해졌다.[1] 페드나우는 수수료도 기존의 5분의 1 수준이고, 입금·이체 등의 서비스뿐만 아니라 지급 요청 서비스, 계정 정보를 유지·관리하는 데이터베이스 구축, 사기 예방 등의 부가 서비스도 제공된다.

미국은 국제적으로 실시간 결제 시스템이 널리 보급되지 않은 특이한 사례였다. 영국중앙은행의 신속 결제 시스템FPS, Faster Payments System부터 인도의 통합 결제 인터페이스UPI, Unified Payments Interface, 브라질의 픽스Pix에 이르기까지 전 세계 여러 국가에는 이미 즉시 결제 네트워크가 구축돼 있다. 미국에서의 즉시 결제 시스템 도입과 함께 페드나우에 제이피 모건 체이스와 웰스파고 등 미국 35개 대형 은행이 가입을 완료했다.

왜 미국에서는 2023년까지 즉시 결제 시스템이 도입되지 않은 것일까? 금융기관 상당수가 구형 시스템을 선호하고 있기 때문이다.[2] 구형 시스템은 기존 금융회사에 '돈벌이'가 돼 줬다. 미국

1   https://www.ft.com/content/dcc83529-5659-4d96-8ddf-83351b060e18
2   https://www.economist.com/finance-and-economics/2023/07/20/instant-payments-finally-reach-america-with-fednow

은 이 낡은 배관 위에서 결제의 '레일'을 무려 반세기 동안 운영해 왔다. 캐시 앱^{CashApp} 등 빠른 결제를 표방하는 미국의 피투피 네트워크도 물밑에선 50년 된 이 시스템에 의존할 수밖에 없었다. 전체 결제의 3분의 1을 차지하는 신용카드 역시 이 레일에 의존해야 했다.

느려터진 정산 시스템을 이용해 금융사들은 단기 자산을 연준에의 예치 등 운용으로 그 시간에 해당하는 '무위험 이자 수익'을 올릴 수 있었다. 연체된 결제 수수료를 통해 얻는 금융사들의 수익도 쏠쏠했다. 은행권은 페드나우의 도입에 불만이 많을 수밖에 없었다. 이들은 금융 시스템 불안정을 유발한다는 우려까지 제기했다. 무디스$^{Moody's}$는 이와 관련해서 "예금자 이탈이 쉬워져 뱅크런 가능성을 키운다"라고 강변하기까지 했다.

하지만 미국보다 훨씬 앞서 즉시 결제를 도입해 일반화시켰던 인도 등 다른 국가들에서 뱅크런이 발생한 사례는 없었다. 인도에서 즉시 결제는 2022년 국내 거래의 81%를 차지했다. 태국과 브라질에서는 즉시 결제의 점유율이 각각 64%와 37%에 달했으나, 역시 별다른 문제는 발생하지 않았다.

미국인들의 결제 관행을 페드나우가 당장 변화시키지는 못할 듯하다. 연준은 새롭고 빠른 결제 시스템을 통해 미국 은행의 고객들이 거의 즉시 돈을 주고받을 수 있기를 희망한다. 하지만 페드나우 결제 시스템이 자리 잡는 데는 몇 년이 걸릴 수 있다.[3] 미국 소비자들의 관행은 변화를 어렵게 하는 요인 중 하나이다.

미국의 소비자들 상당수는 아직도 종이 기반 결제를 고집한다. 현금 이체의 5분의 1은 미국 소비자에게 익숙한 종이 수표를 기반으로 한다. 한국에서와 달리, 미국에서는 종이 수표와 현금이 여전히 널리 쓰이고 있다.

실시간 결제 네트워크는 수익성 높은 미국 신용카드 산업의 경쟁을 심화시킬 수 있다. 신용카드 산업은 은행, 카드 네트워크 그리고 거래를 촉진하는 기술 회사에 벌어주는 수익이 매년 수십억 달러에 달한다. 카드 결제에 따른 가맹점 수수료는 판매상들에게 부담스러운 비용이다. 판매자는 이 비용을 고객에게 전가하기도 한다.

그러나 페드나우가 신용카드를 즉각적으로 위협할 가능성은 없어 보인다. 미국 소비자들이 신용카드의 '리워드 프로그램'에 열성적이기 때문이다. 그리고 신용카드의 사기 방지 시스템도 미국에서 애용되고 있다.

신흥국들은 다음 세 가지 이유로 '즉시 결제'를 채택했다.

첫째는 인구통계학적 요인으로 신흥시장의 소비자들이 더 젊고 변화에 더 개방적이다. 둘째는 현금에 대한 단속으로 신흥시

---

3   https://www.wsj.com/articles/fed-wants-paychecks-to-hit-bank-accounts-in-a-flash-b692910e?mod=Searchresults_pos2&page=1

장 국가의 정책 입안자들은 자국 내 '회색시장^{Grey Market}(일종의 암시장)'의 규모를 줄이고 세수를 늘리려고 한다. 셋째는 미국과 달리, 신흥시장에서는 새로운 결제 시스템이 기존 결제 시스템을 밀어낼 필요가 없다는 점이다. 되레, 새로운 결제 시스템으로 혜택을 받는 사람들이 있다.

멕시코와 브라질을 포함한 다른 국가에서는 비교적 순조롭게 즉시 결제 시스템을 구축해 왔다. 결제 시스템에 대한 미 연준의 느린 진행과 달리, 일부 국가는 즉시 결제 시스템을 의무화했다. 미국에서 즉시 결제 프로젝트는 8년 이상 논의가 이뤄져 왔다. 이 도입 지연으로 소비자들은 수천억 달러의 수수료 등 비용을 지불해야 했다. 페드나우는 소비자가 직접 시작하는 '푸시^{push}' 이체만 지원하려 해도 미국 은행권으로부터 거세게 반발을 받고 있다. 그러나 유럽과 인도에서는 즉시 결제 서비스를, 기업이 허가만 받으면 이용할 수 있는 '풀^{pull}' 기능으로 확장해 제공 중이다. 기업은 전기료의 정기 결제 등으로까지 이용하고 있다.

스트라이프, 페이팔, 블록, 아디엔이
미국 디지털 지급 결제의 4대 천황

미국은 팬데믹 이전까지만 해도 동전을 포함한 현금 사용자가 많았다. 종이로 된 개인 수표 사용도 자주 눈에 띄었다. 미국이 다른 나라들보다 한참 뒤처져 있던 것은 디지털 결제였다. 중국 앤트 파이낸셜Ant Financial의 중역들은 2018년부터 "미국이 우리보다 몇 년이나 뒤졌다"라고 조롱할 정도였다.

그러나 비접촉이 절대 선호되던 코로나를 계기로 디지털 결제 혁명이 미국에서 활발히 진행됐다.[4] 혁명의 주역 가운데 하나인 스트라이프Stripe는 지난 2010년 설립돼 2021년 미국 사상 최대의 비상장사로 등극했다. 아디엔Adyen은 다른 기업들에 브랜드 없이 기술력을 제공하는 회사로, 온라인 결제 플랫폼을 빠르고 쉽게 구축할 수 있도록 돕는 비즈니스를 한다. 블록Block은 기존 은행이 외면하던 자영 상인과 소비자를 타깃으로 삼아 성공했다.

이들 중 으뜸은 페이팔로, 3억 5,000만 명 소비자의 지갑과 3,000만 판매자를 연결하고 있다. 1999년 설립돼 현재 시티그룹, 웰스파고 등 초대형 은행들의 가치를 능가하는 거물로 우뚝 섰다. 중남미의 메르카도 리브레Mercado Libre, 중국의 유니온페이 등과도 제휴해 네트워크 효과를 극대화했다. 페이팔은 2021년에는 앤트 파이낸셜보다 시가총액을 높였다. 2025년까지는 사용자를 배로 늘릴 것으로 공언하고 있다.

이들의 디지털 결제업은 운송 시스템 사업과 유사하다. 결제

---

4   https://www.economist.com/finance-and-economics/2021/03/25/america-used-to-be-behind-on-digital-payments-not-any-more

업의 매입사는 상점의 앱과 웹을 인프라에 연결하고, 세부 정보를 확인한 뒤 이동을 승인한다. 그러면 돈은 고객이 선택한 선로를 따라 이체·신용카드·지갑 등으로 이동하게 된다. 스트라이프의 경우, 신원과 정직성 확인을 대가로 거래액의 2.9%까지 수수료로 가져간다. 거래 규모가 수천억 달러에 달하기에 관련 비용이 분산돼 수수료는 거의 모두 순이익이 된다.

디지털 결제 플랫폼 기업의 발전을 가속화한 것은 다음 세 가지 트렌드다.

첫째는 이커머스e-commerce의 급성장, 둘째는 현금 기피, 셋째는 온라인 기업의 시장 점유율 증가다. 이는 비자, 마스터카드 등 신용카드 업체들에도 호재이다. 하지만 이들 카드 업체에 대해서는 경쟁 당국과 정치권이 상시 공격하고 있다. 이들 디지털 결제회사에 신용카드사들보다 더 큰 위협은 구글 등 빅테크 그리고 월마트Walmart, 타겟Target 등 거대 유통사들이다. 특히 유통사들은 자체 결제 앱을 강화하는 데 이어, 매입사와 자체 지갑까지 구축해 충성고객에 보상하고 있다. 디지털 결제회사들은 이에 대응하기 위해 선구매 후결제BNPL 서비스, 가상화폐crypto, 신용카드 등으로 영역을 확장하고 있다.

이에 대해 페이팔은 디지털 자산 보안회사와 쿠폰 서비스 회사를 인수하면서 '슈퍼 앱'으로의 지향을 드러내고 있다. 블록은 디지털 은행처럼 자체 앱을 만들어 비트코인, 주식 매매, 급여 통장 서비스를 하고 있다. 스트라이프는 은행들과 협력해 상인들에게 운전 자본과 계정까지 제공하고 있다. 현재로서는 페이팔, 블록, 아디엔, 스트라이프 등 미국 디지털 결제의 4대 천황이 2025년까지는 큰 충돌 없이 각자의 전략대로 발전할 것으로 전망된다.[5]

5   https://www.cnbc.com/2024/02/08/adyen-earnings-stripe-rival-soars-22percent-on-profit-beat-hiring-slowdown.html

디카에 망한 필름 카메라처럼 비자, 마스터카드도 '코닥의 순간' 맞을까?

'코닥 모멘트Kodak moment'라는 관용어가 있다. 아날로그 사진기와 필름 제조사로 독보적이었던 코닥에서 파생된 용어다. 과거에는 사진으로 남기고 싶을 만큼 소중한 '인생의 순간'을 가리키는 말이었다. 아이팟iPod이 마치 MP3 플레이어 시장 전체를 대표했던 것처럼, 당시의 코닥은 카메라를 가리키는 대명사였다. 그런데 이 관용어는 이제 뜻이 완전히 바뀌었다. 요즘에는 디지털 카메라에 의한 코닥의 '몰락한 시기'를 지칭한다.[1]

비슷한 용례로, '블록버스터 모멘트Blockbuster moment'가 있다. 영화 스트리밍 서비스로 대체된 비디오 대여점 블록버스터의 몰

---

1 https://www.economist.com/business/2013/09/28/kodak-moment

락을 뜻하는 말이다.[2]

'코닥 모멘트'처럼, '비자·마스터카드 모멘트'Visa·Mastercard moment'
도 가능할 수 있다. 비자와 마스터카드는 글로벌 카드 네트워크
의 복점(한 가지 상품의 공급을 두 회사가 차지하고 있으면서 서로 경쟁
하는 상태) 회사다. 이들 회사는 미국 신용카드 거래의 4분의 3 이
상을 처리하는 등 지배적 사업자의 지위를 공고히 하고 있다. 게
다가 미국은 카드 수수료 비율이 가장 높은 나라 중 하나인데, 중
국은 물론 유럽보다 수수료가 훨씬 비싸다. 미국은 신용카드 수
수료를 규제하지 않고 있기 때문이다. 미국에서는 일반적으로는
거래액의 약 2% 수준인데, 일부 프리미엄 카드의 경우 3.5%까지
수수료를 받는다. 평균적으로 미국 신용카드 결제 수수료는 거
래의 2.24%를 차지한다. 그래서 일부 기업은 현금 거래를 장려
하기 위해 직불카드나 신용카드 고객에게는 청구서에 추가 요금
을 부과하기도 한다.[3] 반면, 유럽연합은 카드 수수료의 상한액을
거래액의 0.3%로 제한하고 있다.

한국의 신용카드 수수료는 0.4%(2025년 2월 14일부터 연 매출
3억 원 이하 영세가맹점의 경우) 수준이고, 중국의 알리페이와 위챗
은 0.1%를 징수하고 있다. 이렇다 보니 독점적 지위에 더해 다

---

2   https://www.nbcnews.com/think/opinion/has-netflix-become-blockbuster-2020s-
    ncna1293390
3   https://www.cnbc.com/2023/07/30/credit-card-fee-fight-pits-payment-companies-
    against-retailers.html

른 나라보다 월등히 높은 수수료를 챙기는 비자와 마스터카드가 막대한 수익을 올리는 것은 당연하다. 양대 카드사의 수익 대부분이 신용카드 수수료에서 나온다. 소비자들이 물건을 구매하기 위해 신용카드나 직불카드를 사용할 때 부과하는 돈이 바로 신용카드 수수료이다. 미국의 가맹점들은 연간 1,380억 달러(약 201조 6,594억 원)의 카드 수수료를 납부 중이다. 국가 간 결제 거래하는 경우, 비자와 마스터카드는 해외 결제망 수수료를 결제 금액의 각각 1.1%와 1%씩 추가로 받는다.[4]

비자와 마스터카드의 순수익률은 무려 50% 안팎이다. 지난 2021년의 경우, 비자는 51%였고 마스터카드는 45%나 됐다. 비자와 마스터카드는 미국 2012년부터 10년간 S&P500 지수에 속한 기업들 가운데 가장 수익성이 높은 20곳에 항상 꼽혔다. 이들의 지배적 지위는 최근 몇 년 사이 팬데믹으로 온라인 쇼핑이 증가하면서 더욱 강고해졌다. 미국 소비자들이 신용카드 또는 직불카드를 사용하는 비율은 2016년 전체 거래의 45%에서 2021년 57%로 크게 늘었다. 이처럼 전 세계 지급 결제의 최강자는 아직도 비자와 마스터카드. 2022년 비자는 순이익이 150억 달러(약 21조 9,225억 원)를 기록했는데, 2021년 대비 21%나 증가했다. 2022년 비자와 마스터카드의 거래량은 사상 최고치에 달했다.

4   https://www.reuters.com/business/finance/visa-mastercard-plan-hike-credit-card-fees-wsj-2023-08-30

이렇게 막강한 데다 '전자 네트워크'까지 가진 업체들인지라, 현재 미국 금융기술의 최강자들도 비자와 마스터카드에 대한 파괴적 혁신을 시도하는 데는 소극적이다. 단지 기존 결제 구조를 이들 핀테크 업체가 개량하려 할 뿐이다.[5]

그러나 비자와 마스터카드의 독점과 초과이윤이 중·장기적으로 계속될 것 같지는 않다. 브라질, 중국, 인도네시아 등에서 성장한 핀테크 결제 업체들의 도전이 거세기 때문이다. 브라질의 메르카도 파고Mercado Pago, 중국의 앤트그룹과 텐센트, 인도네시아의 그랩Grab 등 토종 빅테크들이 신용카드의 지급 결제를 조금씩 빼앗아 가고 있다. 이 회사들은 앱을 기반으로, 신용카드보다 더 저렴하고 편리한 결제 서비스를 제공하고 있다.[6] 이들 파괴적 혁신자의 성공 동인은 다음 두 가지다.

첫째, 전 세계 현금 사용의 꾸준한 감소가 있다. 디지털화가 잘된 스웨덴, 싱가포르, 영국, 덴마크 등은 결제에서 현금의 비중이 1%에 불과하다.

둘째, 디지털 지급 결제의 가속화다. 핀테크뿐 아니라 빅테크와 전통 은행들도 지급 결제에 올인하고 있다. 특히, 거대 카드회사의 '2%대 수수료'를 나눠 먹으려고 물밑에서 5대 테크 업종이

5   https://www.economist.com/finance-and-economics/2022/08/17/can-the-visa-mastercard-duopoly-be-broken
6   https://www.disruptionbanking.com/2023/03/09/visa-and-mastercard-duopoly-time-to-go

움직이고 있다.[7]

첫째는 엑스(옛 Twitter)로 소셜 미디어를 '지급 결제의 엔진'으로 전환하려 하고 있다. 둘째는 리플Ripple로 코인과 블록체인 기술 등을 활용해 더욱 저렴하고 편리하게 글로벌 지급 결제를 처리하고 있다. 셋째는 알리페이로 중국에서 위챗과 함께 비자와 마스터카드를 대신해 내수용 디지털 레일을 개발해 왔다. 넷째는 애플로 알리페이의 비즈니스 모델을 벤치마킹해 골드만삭스와의 공동 신용카드, 애플페이 지갑 그리고 선구매 후결제 서비스 등을 제공하고 있다. 마지막으로 다섯째는 제이피 모건으로, 기존 은행 간의 '수수료 나눠 먹기'에서 탈피하려 한다. 메타버스metaverse에서의 소액 결제·지불 등을 추진 중이다. 이처럼 디지털 지급 결제에 글로벌 막후 활극이 벌어지면서, 비자와 마스터카드가 '코닥 모멘트'를 맞을 시간은 점차 다가오고 있는 듯하다.

7   https://www.ft.com/content/562559e2-1f17-47f7-92e6-57766c9900b0

핀테크 도전 기업으로 제이피 모건은 '카드 없는 직접 계좌 결제' 추진 중

비자와 마스터카드에 대한 5대 기술 업종의 도전 가운데 특히 두드러지는 것이 초거대 금융기업인 제이피 모건의 움직임이다. 제이피 모건은 2000년 초반부터 '세계에서 가장 가치 있는 금융 서비스 회사world's most valuable financial-services company의 지위를 비자에 빼앗긴 바 있다.[8] 이후 제이피 모건은 핀테크 회사 같은 민첩성을 갖추려 하고 있다. 결제 인프라의 현대화를 통해 경직된 기존 시스템을 개선하려는 몸부림이 눈에 띈다. 특히 기업·투자 금융CIB, Corporate and Investment Bank 부문에서 오픈뱅킹 방식의 계좌이체 형태로 시범 도입한 '페이 바이 뱅크Pay-by-Bank(계좌 기반 직접 지불)'가 대표적이다.[9] 이는 상인들이 고객으로부터 대금을 직접 수취할 수 있도록 하는 새로운 결제 시스템이다. 계좌 기반 결제 시스템의 현대화를 통해, 별도의 라우팅(데이터를 보내기 위한 최적의 경로 선택)과 계좌번호 입력 절차 없이도 간편 송금과 결제를 할 수 있도록 한 서비스다. '페이 바이 뱅크'는 주로 임대료 그리고 청구서 지불 분야에서 활발히 이용될 것으로 기대되고 있다.[10]

8   https://www.economist.com/business/2020/03/21/how-visa-became-the-top-dog-in-global-finance

9   https://www.ft.com/content/f6d8d454-2413-4f2b-945d-825d0a68730b

제이피 모건은 온라인 임대료의 청구와 수령을 자동화하고, 이와 동시에 그간 축적한 데이터를 기반으로 임대료 산정, 세입자 심사 등 다양한 부가 서비스를 제공하는 방안도 추진 중이다. 이외에도 블록체인 기술 기반의 제이피엠 코인JPM Coin 개발, 디지털 자산 전담 사업부인 오닉스Onyx 신설, 디지털지갑 상표인 제이피 모건 월렛JP Morgan Wallet 등록 등 지급 결제 부문의 차세대 비즈니스 모델 발굴을 위한 여러 시도를 해 왔다.

제이피 모건뿐 아니라, 신생 핀테크 업체들도 혁신에 박차를 가하고 있다. 이들 신생 업체는 카드 네트워크를 이용하지 않고도 계좌이체 등으로 결제가 가능한 기술을 선보이며 비자와 마스터카드에 도전장을 내밀고 있다. 이들 중 하나가 '선구매 후결제' 서비스 업체인 클라르나Klarna인데, 고객들이 카드 네트워크를 이용하지 않고도 은행 이체를 통해 대금을 결제할 수 있게 했다. 또 다른 핀테크 결제 업체 캐치Catch는 핀테크 앱으로 역시 소비자의 은행 계좌에 직접 연동해 결제해 준다.

가맹점들도 카드를 사용하지 않는 이들 결제 기술업체를 독려하며 마케팅 제공에 나서는 등 결제 다원화에 노력하고 있다. 신용카드 가맹점 수수료interchange fees에 대해 소매상들의 불만이 크기 때문이다. 가맹점 수수료는 소매상들이 은행과 신용카드 발

---

10 https://www.thebanker.com/Pay-by-bank-beats-BNPL-in-consumer-and-merchant-preference-1712657329

행사에게 결제 대금을 집금해 주는 대가로 내야 하는 비용이다. 미국 가맹점들의 로비 단체인 전미 소매연맹^{National Retail Federation}은 이 비용이 소매상들에게 인건비에 버금가게 높은 지출 항목이라고 목소리를 높인다. 그러나 소비자들에게는 이 카드 수수료가 인지되지 못하고 있다. 대부분 지역의 소매점에서는 현금이나 카드의 판매가격이 같기 때문이다.

2021년 보스턴 연은의 조안나 스타빈스^{Joanna Stavins}와 동료 연구자들이 발표한 논문을 보면, 소매상들은 소비자들이 계산대에서 지불하는 소매 가격을 1.4% 인상함으로써 카드 정산 수수료를 소비자들에게 몰래 떠넘기는 것으로 나타났다. 이로 인해 손해를 보고 있는 것은 미국의 저소득층이다. 상품 가격에 이미 반영돼 있는 높은 카드 수수료는 일반적으로 카드로 결제하거나, 카드가 없는 저소득층이 현금 결제를 하거나 대개 동일하기 때문이다. 카드의 포인트 혜택은 결국 저소득 현금 결제자들로부터 중상류층 카드 결제자들에게 비용이 전가되는 셈이 된다. 미국 전체의 4분의 1에 해당하는 연평균 소득 2만 5,000달러(약 3,653만 원) 미만인 가구는 카드 포인트에서 실질적으로 아무런 혜택도 누리지 못하고 있다. 반면, 연 소득이 13만 5,000달러(약 1억 9,726만 2,000원) 이상인 가구는 자신들이 지불한 카드 수수료의 약 0.6%를 포인트나 각종 특전으로 되돌려 받고 있다.

미국의 신용카드 수수료는 비자와 마스터카드가 결정하지만,

수수료를 집금하는 것은 은행이다. 은행들은 이들 카드 네트워크의 거래 처리 서비스 사용에 대한 대가로 이들에게 막대한 수수료를 지불한다. 수수료 중 상당액은 고객들을 유인하기 위한 항공 마일리지 등 특전을 제공하는 데 쓰인다.

04

비자, 마스터카드의
독점을 깨려면 핀테크가
'계좌 간 직접 결제'로 뭉쳐야

핀테크 회사 간의 통합 없이 과연 비자와 마스터카드의 독과점을 완화할 수 있을까?

금융기술의 발달로 지급 결제는 더 쉬워지고, 수수료는 낮아지는 중이다. 하지만 지급 결제에 주력하고 있는 핀테크 업체들 사이에는 갈등과 분열이 점점 더 심화하고 있다. 이들 핀테크 회사 간의 인수합병M&A이 필요하다는 목소리가 높다. 지급 결제 업체들에 대한 인수합병은 사모펀드의 주도로 진행될 가능성이 거론된다.[1]

주지하다시피, 지급 결제 업체들의 주가는 팬데믹 당시의 특

---

1   https://www.ft.com/content/09eea1ea-74ec-4495-b769-e9fdd38074db

수로 고공행진을 거듭했다. 온라인 결제가 급증했던 덕분에, 신생 지급 결제 업체들의 주가까지 치솟았다. 그러나 2022년부터는 기술주 매도세 등의 여파로 이들 지급 결제 업체의 시장가는 약세를 반복했다.

카드 네트워크 시장에는 변화가 시급하다. 비자와 마스터카드가 깔아놓은 결제의 기본 인프라는 수십 년간 거의 그대로이기 때문이다. 그 핵심은 카드 매입 은행과 카드 발급 은행 사이의 네트워크에 있다. 비자와 마스터카드는 이들 양쪽의 은행 간 통신을 연결하는 레일 역할을 하고 있다. 양사는 '결제 기술회사Payment Technology Company'라고 자처한다.

핀테크 회사들의 도전과제는 비자와 마스터카드의 독점 무너뜨리기다. 지급 결제 관련 테크 기업 중 일부는 비자와 마스터카드의 카드 네트워크를 은행 간의 직접 결제 시스템인 '계좌 간 결제A2A, Account to Account'로 바꾸려 하고 있다. 소비자나 기업이 두 개의 다른 금융기관 계좌 간에 직접 자금을 이체할 수 있게 되면 처리 속도가 빨라지는 것은 물론, 신용카드 수수료도 필요 없다.

핀테크 회사들은 비자와 마스터카드의 비즈니스 방식을 답습하는 대신, 파괴적 혁신에 주력하고 있다. 일례로, 미국의 결제처리 솔루션Solution 개발회사인 블록(옛 스퀘어Square) 등 핀테크 회사는 카드 거래의 수락 방식을 더욱 쉽게 바꿔 놓았다. 2009년 설립된 블록은 2010년부터 소규모 비즈니스에 카드 결제를 할 수 있는 간단한 기술을 제공해 왔다. 스마트폰이나 태블릿을 통해 신용카드와 직불카드 결제를 수락할 수 있는 카드 리더기를 개발한 것이다. 이 회사는 매장에 설치해야 했던 수천 달러짜리 포스POS, Point Of Sales(판매 시점 정보관리) 기기를 없앴다. 대신 스마트폰에 간단한 리더기를 연결하고, 앱을 구동하면 카드로 결제할 수 있게 했다. 별도의 가맹점 등록 없이도 카드 수수가 가능해지자 서비스는 금방 확산했다.

페이팔은 서비스를 온라인 결제에 특화해 카드 비즈니스를 잠식했다. 송금에 사용되던 개인 수표Personal Check 대신, 이메일 등을 통한 온라인 송금을 지원해 왔다. 이들 핀테크 회사는 기술을 통해 더 낮은 비용으로 더 많은 업무를 수행하며 매입 은행들의 비즈니스를 빼앗아 가기 시작했다. 네덜란드의 결제 서비스 제공업체인 아디옌은 미국 핀테크 기업인 플레이드Plaid와 제휴하고 있다. 아디옌은 기업들이 쇼핑객들의 은행 계좌로부터 직접 결제받을 수 있도록 해, 신용카드의 거래 수수료를 회피하게 해 준다. 이 파트너십은 미국과 캐나다에 있는 아디옌의 비즈니스 고객들의 요구에 부응해 이루어졌는데, 아디옌의 프로세싱 수익과 거래 가운데 4분의 1은 이들 지역에서 발생한다.[2]

2   https://www.wsj.com/livecoverage/stock-market-today-dow-jones-11-02-2023/card/
    adyen-to-team-up-with-plaid-to-offer-bank-to-bank-payments-for-businesses-in-u-s-
    -Jxk6WsETG5tKf3Xpd7R1

아디엔의 플랫폼을 활용하면 기업은 신용카드 수수료 없이도 다양한 형태의 결제를 수취할 수 있다. 비결은 플레이드의 소프트웨어를 사용하는 것으로, 플레이드를 통해 은행과 핀테크 회사는 고객의 은행 계좌에 연결할 수 있다. 플레이드는 자체 응용 프로그래밍 인터페이스API를 통해, 고객의 허락하에 계좌 잔액을 조회하거나 개인 금융 정보를 인증한다. 모은 금융 데이터로는 은행 계좌와 모바일 금융 앱 간의 중개를 지원한다. 각 은행과 핀테크 업체 사이에 가맹 없는 결제가 가능해지는 것이다.

기존의 신용카드 네트워크 기반 결제 시스템에서는 비자, 마스터카드 등 특정 네트워크를 사용하는 가맹점만 카드 결제가 가능했다. 그러나 플레이드는 계좌를 연동시킬 때, 그리고 연동된 계좌에서 거래가 발생할 때 핀테크 업체로부터 수수료를 받는다. 이 회사는 현재 미국, 캐나다, 영국, 프랑스, 스페인, 아일랜드, 네덜란드 등에서 영업하고 있다. 이에 위협을 느낀 비자는 지난 2020년 플레이드를 사들이려 시도한 바 있다. 53억 달러(약 7조 7,417억 1,000만 원)에 이 신생 기업을 구매하려 한 것이다. 그러나 거래를 통해 비자가 경쟁 위협을 제거할 수 있었다는 이유로 미국 법무부는 2021년 이를 무산시켰다.[3] 비자와 마스터카드의 기존 비즈니스 방식은 세 부분으로 나뉜다.

---

3 https://www.justice.gov/opa/pr/visa-and-plaid-abandon-merger-after-antitrust-division-s-suit-block

첫째는 소요되는 프로세싱 수수료로 매입 은행이 부과한다. 가맹점들에 판매 단말기를 공급하고 결제를 처리하는 대가다. 둘째는 네트워크 수수료인데, 이 수수료는 카드 네트워크를 소유한 비자 및 마스터카드 등의 몫이다. 셋째는 최종 결제는 카드 발급 은행으로 전달된다. 이 은행은 고객이 카드 대금을 내지 못하는 경우의 리스크를 부담한다. 지급 결제 관련 핀테크 회사들은 이 중 첫째 프로세싱 수수료에서 앱을 앞세워 좋은 성과를 거둬 왔다. 하지만 과당경쟁이 그들의 수익을 갉아먹는 중이다. 지급 결제 업체 간의 통합이 필요하다는 목소리가 높다. 여기에는 두둑한 실탄을 쌓은 사모펀드의 역할이 기대된다. 사모펀드는 투자되지 않은 자본이라고 불리는 막대한 규모의 '드라이 파우더dry powder(사모펀드가 투자자로부터 모은 투자금 중 투자 집행이 이뤄지지 않은 자금)'를 보유하고 있다.

미국 주도 송금망 SWIFT에 리플 등 핀테크와 중국·러시아·이란이 도전 중

'SHBKKRSE'는 스위프트SWIFT, Society for Worldwide Interbank Financial Telecommunication(국제은행 간 통신협회)의 신한은행 서울지역 계좌 코드이다. 앞의 네 자리가 은행의 고유부호이고, 이은 두 자리는 국가, 그다음 두 자리는 지역을 의미한다. 지점까지 모두 11자리로 구성된다. 스위프트는 전 세계 은행이 외국환 거래와 관련된 각종 메시지를 안전하게 교환할 수 있는 망이다. 한국의 은행들도 대부분 가입되어 있어 은행 코드 등을 입력하면 송·수금이 가능하다. 해외에 지사를 두고 있는 국내 주요 대기업들도 원활한 해외 송금과 효율적 자금 관리를 위해 스위프트 코드를 이용하고 있다.

미국 주도의 이 스위프트는 수수료가 비싸다. 송금 수수료에 전신료와 해외 은행 수수료까지 더해져, 전체 송금액의 4~6%에 달한다. 스위프트는 그동안 글로벌 결제 시스템에서 독점적 지위를 누려 왔다. 국제적인 은행 업무에 관련된 각종 정보를 교류함으로써 국제 간의 지급 등 각종 거래에 따르는 처리를 정확하게 할 수 있고, 업무의 신뢰성을 높일 수 있다. 기존의 우편이나 전신·텔렉스를 이용하는 것보다 편리하다.

이 세계 금융 연결망의 주요한 핵심축이 기술 발전에 따른 파괴적 혁신을 피해 나갈 수 있을까. 다음 두 가지 방향에서 스위프트에 도전하고 있다. 첫째는 리플 등 핀테크 업체들이 기술적으로, 둘째는 러시아·중국·이란 등이 지정학적으로 도전하고 있다. 스위프트는 1977년 미국과 유럽 은행들이 환거래 은행 업무 수행을 위한 공동 시스템을 구축한 것으로 시작되었다. 원래는 시티가 단독으로 결제망을 개발하다가, 한 회사의 독점을 꺼린 경쟁사들이 참여해 공동 시스템으로 만들어 낸 것이다. 현재 스위프트는 비영리 협동조합 형태로, 회원사 수는 1만 1,000개, 하루 송금액은 무려 1조 5,000억 달러(약 2,190조 3,000억 원)나 된다. 네트워크의 중앙중개소는 벨기에의 브뤼셀과 네덜란드의 암스테르담, 미국의 버지니아주에 설치돼 있다.

스위프트의 아킬레스건은 이름과는 달리 절대 신속^{swift}하지 않다는 것이다. 결제는 느리고 비싸다. 관료주의적 문화와 취약한 거버넌스 구조로 혁신에도 뒤쳐져 있다. 이런 가운데 블록체인 같은 혁신적 기술로 무장한 가상화폐 리플 등 핀테크 스타트업 회사들이 스위프트에 도전장을 내미는 것은 당연하다. 심지어 스위프트 회원사 가운데서도 챌린저들이 나오고 있다. 일례로 제이피 모건은 오닉스^{Onyx}라고 불리는 블록체인 및 디지털화폐를 전담할 신규 기반 시스템과 링크^{Liink}라고 하는 메시징 시스템을 개발했다. 이를 통한 송금 규모는 이미 하루 수십억 달러에 달한다.

러시아와 중국 정부도, 이란 등 스위프트 접근이 차단된 미국의 제재 대상 국가들을 모아 스위프트에 대적하기 위한 플랫폼을 개발하고 있다. 스위프트는 독립적이라고는 하지만, 미국이 사실상의 제재권을 행사하는데 이를 통한 결제액의 절반이 달러이기 때문이다.

그렇다면 도전 세력들은 스위프트의 아성을 무너뜨릴 수 있을까? 단기적으로는 불가능해 보인다. 러시아와 중국 등이 경쟁 시스템을 구축한다 해도, 글로벌 무역에서 달러 결제가 압도적으로 큰 비중을 차지한다. 다른 국가들이 스위프트 이외의 시스템을 선택할 가능성은 작을 수밖에 없다. 핀테크 스타트업들이 국경 간 소액 결제 서비스를 제공하면서 특정 틈새시장에서의 지배력을 높이려 하고 있지만, 아직 스위프트에 대적할 만한 규모의 경쟁자는 나오지 않고 있다.

장기적으로도 새로운 도전자들이 스위프트를 무너뜨릴 수 있을지는 아직 불확실하다. 스위프트의 지정학적 중요성을 감안할 때, 미국이 이 시스템의 붕괴를 방관할 것 같지는 않다.

워싱턴과 월스트리트는 스위프트에 대해 디지털 혁신을 가속화하는 방식으로 경쟁자들의 도전으로부터 지켜내려 할 것이다. 스위프트의 블록체인 도입과 시스템 업그레이드 등 혁신 시도는 이러한 맥락에서 진행 중인 것으로 해석된다.

05

디지털 위안화 등 CBDC와
이더리움 등 디파이가
기축통화로의 달러를 바꿔 놓을 것

기축통화로서 달러의 미래는 어떻게 될까? 사우디아라비아의 석유와 연계된 소위 '페트로 달러' 독점이 흔들리는 등 여러 정치·경제적 변수가 달러 패권에 영향을 미칠 것이다. '페트로 달러' 독점은 중동의 석유 수출국들이 석유 대금을 달러로만 받고 이를 미국 국채 등에 투자하는 구조이다. 그런데 블록체인 혁명이 기축통화의 지위를 바꿔 놓을 수 있을 것이라는 전망이 유력하게 제기된다. 디지털화폐의 등장은 달러에 대한 위협이 될 수 있다.

첫째는 중국의 디지털 위안화e-cny 등 각국 중앙은행 디지털화폐CBDC, Central Bank Digital Currency, 둘째는 지분증명POS, Proof Of Stake으로의 업그레이드에 따른 이더리움Ethereum 효율화 등 탈중앙화 금융

DeF, Decentralized Finance 기술의 진화로 기축통화의 변화가 시작될 수 있다.[1]

기축통화인 달러의 주기적 강세는 글로벌 금융환경의 특징이다. 유럽과 중국이 경기 침체를 계속하는 반면, 미국은 일자리와 영업이익 등에서 놀라운 회복력을 보여 왔다. 게다가 석유와 가스의 시추 기술 혁신을 만들어 낸 '셰일 혁명' 덕분에 미국은 2019년부터 에너지 순수 수출국으로 전환됐다. 미국 연준이 2023~2024년 금리를 내리는 것에 애를 먹었을 만하다.

하지만 강한 달러는 해외로부터의 부채가 많은 신흥국 등 전 세계에 원리금 상환을 더욱 어렵게 만들어 왔다. 이 기축통화는 여전히 글로벌 경제에 막대한 영향을 끼치고 있지만, 디지털화폐의 부상 등이 달러의 위상을 조금씩 약화하고 있다.[2] '달러로부터의 자율화'는 우선, 지급payment에서부터 나타날 것으로 예상된다. 핀테크 기술의 발전이 기축통화 달러의 변화 모멘텀을 만들고 있다는 것이다.

이 변화를 만들어 내는 기술에는 두 가지가 꼽힌다. 첫째는 중국의 디지털 위안화를 위시한 각국 중앙은행 디지털화폐의 발전이다. 특히 중국의 경우, 체제를 위한 자본통제는 유지하면서, 동

1   https://www.economist.com/leaders/2022/09/08/the-dollar-is-as-strong-as-ever-isnt-it
2   https://www.ft.com/content/593010c7-72f0-4801-be30-d1175d7c1c21

시에 글로벌 지급 결제 네트워크를 운영하는 것이 가능하게 됐다. 디지털 위안화는 현재 2억 6,000만 명의 사용자를 거느리고 있다.

러시아의 우크라이나 침공 이후, 중국은 미국의 러시아 은행에 대한 스위프트 시스템으로부터의 추방 등 제재에 경악했다고한다. 중국의 타이완 침공 때 미국으로부터 유사한 조치가 예상돼, 중국 내의 금융 마비가 불가피하기 때문이다. 러시아 제재 이전부터 중국 관리들은 세계 최대 수출국인 중국의 달러 의존이계속되는 데 불만이 많았다. 국제적 제재가 있을 경우의 취약성만 높이고, 미국 거시경제에 휘둘리게 한다는 것이다.

이 대안으로 위안화의 국제화를 진흥시키려 했지만, 한편으로중국은 통제되지 않는 자본 흐름은 어떻게든 회피해 왔다. 중국테크노크라트(전문 기술을 바탕으로 조직이나 사회에서 정책 결정이나의사결정에 영향력을 행사하는 사람)들은 ① 글로벌 사용이 쉽고, ②미국이 차단하지 못하고, ③ 자본통제가 가능한 결제 시스템의구축을 열망해 왔다. 중국은 이 해결 방법을 중앙은행 디지털화폐에서 찾아냈다.

중국은 디지털화폐인 디지털 위안화를 고안, 지난 2020년 5월부터 중국 내 15개 성에서 실험하고 있다. 벌써 2억 6,000만 명의휴대폰 '이－월렛e-wallets'에 다운로드를 완료했고, 중국 내 상점 수백만 곳에서 사용 중이다. 디지털 위안화는 중국 정부에 내수 통제의 방법으로도 유용하다. 지급 결제의 강자인 민간 기업 알리페이와 위챗페이에 대한 정부의 방어벽으로 활용하려는 것인데, 디지털 위안화를 키워 개인 거래를 통제하려 한다. 중국 밖에서는 러시아, 이란 등 미국 금융 시스템 제재 대상 국가들을 대상으로 디지털 위안화를 달러의 대안으로 내세워 달러의 독점적 지위를 깨려 한다. 중국 인근 국가들에 대한 '일대일로(육·해상 신실크로드 경제권을 형성하려는 중국의 국가 전략. 중국의 향후 35년 동안의 대외노선에 대한 구상이자 비전)' 관련 자금조달에도 디지털 위안화가 사용될 듯하다.

디지털 위안화 도입으로 외국과의 결제는 더욱 싸고 쉬워진다. 이는 중국 금융 시스템의 도전에 대한 미국의 방해를 어렵게 할 수 있다. 특히 중국은 중앙은행 디지털화폐에 대한 사전 프로그래밍으로 통제를 더욱 강화할 듯하다. 디지털 위안화의 해외 사용자들에 대해서는 중국 내 특별금융구역에 세워진 중국 은행들을 통해 신원을 식별한 뒤, 전자지갑을 개설해 줄 것이라고 한다. 외환 거래 비용은 더욱 합리화될 전망이다. 중앙은행 디지털화폐에 대한 중국 정부의 동기는 상업이 아니라 전략에 있는 것으로 읽힌다.

디지털 위안화 결제는 달러, 스위프트 시스템 등 미국의 글로벌 금융 인프라를 완전히 우회해 제재에 따른 금융 마비로부터 중국을 방어할 수 있다. 디지털 위안화 활동에 대해 미국은 모니터링이 어렵다. 미국은 결국 세계에 대해 달러와 디지털 위안 중에 선택을 강요하게 될 전망이다.

중국 당국은 그간 자본 이탈보다 위안화 투기를 더욱 우려해 왔다. 그러나 외국인의 위안화 보유는 중국 정부가 통제하지 못하는 부분이다. 이를 막기 위해 중국이 만든 은행 간 지불 시스템은 외국인에 배타적이다. 중국인의 해외 자산을 현금화할 때는 위안화로만 가능하도록 강제해 왔다. 디지털 위안화로 중국 정부는 관련 규제가 상당히 쉬워질 것이다. 비거주자들 사이에서의 위안화 사용도 중국 당국은 쉽게 모니터할 수 있다. 미리 프로그래밍한 인코딩을 통해 환투기꾼 배제까지 가능해진다. 세부 정보를 미리 입력만 해 놓으면 된다.

중국 내외의 개인과 기업에 디지털 위안화 결제를 허용하거나, 거부하거나, 또는 제한하는 것 모두가 가능해진다. 사용기간과 판매 금액 등의 조건까지도 사전에 프로그래밍해 둘 수 있다. 아프리카 등에 대한 원조에는 중국이 승인된 공급망 내에서만 위안화를 교환하도록 인코딩해 강제할 수 있다. 모니터링을 통해 언제라도 거래를 중단하는 것이 가능하다. 외화에 목마른 개도국들은 이런저런 제한이 많더라도 디지털 위안화에 호응하지 않을 수 없다.

중국 정부가 우려하는 위안화 패닉셀링Panic Selling(투자자들이 불확실한 상황에서 공포나 불안감으로 인해 주식이나 금융상품을 급작스럽게 판매하는 현상)도 사전 프로그래밍으로 미리 제한할 수 있다.[3]

위안화의 국제화에 디지털 위안화의 발전은 더욱 중요한 모멘텀이 될 것으로 보인다. 비단 중국에서뿐 아니라, 인도에서는 통합 결제 인터페이스, 브라질에서는 픽스가 도입되는 등 국가별 지급 결제 시스템도 발전 중이다. 이들은 현재는 내수용이지만, 미래에는 달러 기반 시스템의 대안으로 글로벌 거래를 만들 수 있을 것이다.

다음으로, 탈중앙화 금융 기술의 혁신을 달러패권의 또 다른 위협으로 들 수 있다. 지분증명(가상화폐를 보유한 지분율에 비례해 의사결정 권한을 주는 합의 알고리즘)으로의 업그레이드 완료에 따른 이더리움의 효율화가 그 사례다. 2022년 지분증명으로의 업그레이드에 따른 이더리움 효율화 등 탈중앙화 금융기술도 진화하고 있다. 이더리움은 지분증명으로 많은 양의 거래를 처리하는 데 더욱 효율화됐다.

이더리움은 다양한 비즈니스에 활용할 수 있도록 확장성에 초점이 맞춰져 있다. 중개기관 없이 개인 간의 계약을 설계할 수 있는 스마트 콘트랙트Smart Contract(전산으로 이루어지는 전자 계약 기술)

---

3   https://www.economist.com/finance-and-economics/2022/09/05/the-digital-yuan-offers-china-a-way-to-dodge-the-dollar

가 가장 큰 장점이다. 다수의 탈중앙화 금융 애플리케이션이 이더리움 블록체인 위에 기반을 두고 있다. 탈중앙화 금융, 대체불가능토큰NFT, Non Fungible Token(디지털 자산의 저작권과 소유권을 블록체인 기반의 분산 네트워크에 기록하는 방식), 증권형 토큰 발행STO, Security Token Offering 등도 이 스마트 콘트랙트를 활용한 블록체인 서비스다. 계약은 전 세계 이더리움 블록체인에 기록되므로 위변조 위험으로부터 상대적으로 자유로울 수 있다. 이더리움 기술의 발전에 따라 다른 영역보다 먼저, 지급부터 미국 달러에서 조금씩 자율화될 수 있을 것으로 예상된다.

이더리움의 POS 전환은 '비행 중 비행기 엔진 변경' 난이도 구현

2022년 벌어진 이더리움의 진화, 즉 작업증명POW, Proof Of Work에서 지분증명POS, Proof Of Stake으로의 전환에 대해 가상화폐 업계는 "'비행 중 비행기 엔진 변경' 같은 엄청난 난이도였다"라고 묘사했다. 이 성공이 "단순한 기술적 조정이 아니었다"라는 설명이다.[4] 채굴에 의존하는 작업증명은 엄청나게 에너지 집약적으

---

4   https://www.economist.com/finance-and-economics/2022/09/06/the-future-of-crypto-is-at-stake-in-ethereums-switch

로, 막대한 양의 컴퓨팅 성능이 필요하다. 새로운 가상화폐의 생성 과정에서 채굴자들에게 '작업증명'을 강제해 각 화폐의 가치와 보안을 보장하는 방식이기 때문이다. 체인에 추가된 새로운 거래 블록을 검증하기 위해서는 복잡한 수학적 계산을 풀어내야 한다.

블록체인은 중앙기관이 아니라, 그것을 사용하는 사람들의 수많은 컴퓨터에 의해 유지된다. 이 시스템은 개별 노드^{Node}(블록체인 네트워크의 참여자)가 블록체인을 손상하는 것을 방어하지만, 실행하려면 엄청난 양의 에너지가 필요하다. 이 과정에서 이더리움과 비트코인을 비롯한 블록체인은 칠레만큼 많은 에너지를 소비하게 됐다. 칠레는 에너지 소비량이 많은 국가로 전 세계 35위 안에 들 것으로 추정된다.

비트코인 블록체인의 경우, 여전히 작업증명 방식으로 운영되고 있다. 10분 정도마다 채굴자들은 수십만 대의 특수 컴퓨터를 통해 수학 퍼즐을 푼다. 먼저 해결책을 찾은 컴퓨터는 다른 채굴자들에게 이를 알린다. 다른 채굴자들이 결과를 확인하면 블록체인을 업데이트하고, 그 대가를 비트코인으로 지불한다. 비트코인 채굴을 더 많이 원할수록, 채굴자들은 컴퓨팅 장비와 전기에 더 많이 투자해야 한다.

작업증명 방식은 아직 해킹되지 않았지만, 몇 가지 큰 결함이 있다. 그 하나는 확장되지 않는다는 것이다. 비트코인은 초당 최대 7개의 거래만 처리할 수 있고, 수수료도 높다. 작업증명 방식은 에너지를 크게 소모한다는 것도 단점이다. 게다가, 작업증명은 중앙집중화를 발생시킨다. 더 많은 컴퓨팅 능력을 보유할수록, 비트코인을 더 많이 가질 확률이 높아진다. 이에 대한 대안으로 등장한 것이 지분증명이라는 또 다른 접근 방식이다.

지분증명에서 블록체인은 보안을 위한 강력한 컴퓨팅 역량이 필요 없다. 대신 개인이나 회사가 블록체인을 유지 관리하는 참가자인 '검증인Validators' 역할을 하게 된다. 여기에서 블록체인 업데이트의 결정은 컴퓨팅 역량의 경쟁이 아니라, 가상화폐 보유자 간의 투표로 이루어진다. 투표권과 보상의 몫은 보유자가 투표 결과에 얼마나 내기하는지에 달려 있다. 사용자가 네트워크에서 검증자가 되기 위해, 자신의 코인을 담보로 지분을 걸어야 한다. 담보는 자체 이더ether(이더리움 블록체인의 기본통화) 토큰이다. 만약 사기성 블록을 증명하는 경우, 지분을 걸었던 코인을 잃게 된다. 그들은 새로운 이더를 포함한 보상으로 동기를 부여받는다.[5]

작업증명에 비해 지분증명은 훨씬 적은 에너지를 사용한다. 그

---

5   https://www.ft.com/content/df9f5795-2aaf-4088-a76e-304056db61ef

리고 최신 버전은 비트코인보다 훨씬 빠르다. 이 접근 방식을 사용하는 블록체인인 아발란체^Avalanche는 초당 수천 건의 거래를 처리한다. 하지만 지분증명에 대한 비판도 제기된다. 이 변화가 블록체인의 근본적인 특성, 즉 개방적이고 투명하며 분산된 네트워크, 설계상 자체 감시, 어떤 개인 집단에 의해 통제되지 않는 특성 등을 저버렸다는 것이다. 이 지분증명 시스템 역시 여전히 중앙집중화 경향이 있다. 지분증명으로 더 많은 이더 보유자는 더 큰 보상을 받아 보유량을 더 늘릴 수 있다. 이것은 가상화폐의 초기 구매자들에게 권력을 집중시키고, 블록체인을 제어할 수 있게 해 준다.

보완책으로 역시 지분증명에 기반한 아발란체와 테조스^Tezos 등 블록체인은 이를 유지·관리하는 검증인이 쉽게 참여할 수 있도록 해 탈중앙화를 보장한다. 지분증명은 소요되는 에너지가 작업증명보다 99.9% 더 적다. 지분증명으로의 전환은 이더리움에서 그간 실행해 온 2,000억 달러(약 291조 9,600억 원) 규모의 소프트웨어 프로젝트를 가동 중지 시간 없이 완전히 점검한 것이다. 관련 '머지^Merge(두 개 이상의 항목의 세트를 한 개의 세트로 결합하는 것)'의 성공으로 이더리움은 자체 개선 능력을 보여줬다.

한편, 이더리움으로는 자산의 보관이 가능하다. 프로그래머는 스마트 콘트랙트에 구매와 판매 기능을 코딩할 수 있다. 이 때문에 이더리움은 탈중앙화 금융 프로젝트와 대체불가능토큰에서부터 게임에 이르기까지 많은 블록체인 활동의 기반이 되고 있다. 이더리움 블록체인은 탈중앙화 금융 프로젝트 총가치의 50% 이상을 차지하며, 직접적인 피투피 거래를 옹호하고, 은행이나 중개인(브로커) 같은 제삼자에 대한 필요성을 없애는 것을 목표로 한다.[6]

6   https://www.ft.com/content/88518bc5-3af4-41c3-99b5-c0cd0ba69ab9

블록체인과
금융의 융합

분산원장 시스템을 기반으로 한 블록체인 기술의 발전은 글로벌 금융산업 전반에 큰 변화를 만들어 내고 있다. 블록체인 기술은 금융과 융합, 거래의 경제성, 투명성, 보안성 그리고 신뢰성을 크게 향상시켰다.

　블록체인은 네트워크를 통해 분산된 노드^{Node}(참여자)들이 상호 작용해 거래를 검증하고 기록하는 시스템이다. 변경 불가능한 해시코드^{Hash Code}(해시 함수의 출력으로 나온 비트 문자열)로 거래의 무결성을 보장한다. 이를 기반으로 한 비트코인, 이더리움 등 가상화폐는 금융 시스템의 새로운 모델을 제시하고 있다. 이 기술은 중앙기관 없이도 거래가 이루어질 수 있게 한다. 이 블록체인 산업을 선점하기 위해 유럽에서는 영국, 스위스, 아일랜드 등이 각종 인센티브를 제시하며 관련 업체들을 경쟁적으로 유치하고 있다. 아시아에서도 싱가포르, 홍콩, 아랍에미리트연합 등이 파격적 법인세 등을 앞세워 블록체인 산업 발전에 열심이다.

블록체인 기술은 기존 금융 시스템에서 거래를 검증하고 처리하는 중개인(브로커)의 역할을 없애 비용을 줄이고, 거래 속도를 높이고 있다. '탈중앙화 금융 서비스'가 급성장하면서 중개인 대신 대출, 예금, 자산 거래 등 다양한 금융 활동을 수행할 수 있게 됐다. 모든 거래 기록은 네트워크 참여자에게 실시간으로 공개돼 부정행위와 조작의 가능성이 줄어들고, 시스템의 신뢰성을 강화했다. 스마트 콘트랙트를 통해 자동화된 계약 이행도 가능해져 거래의 투명성과 효율성이 올라갔다. 블록체인 기술은 디지털지갑 등으로 은행 서비스에 접근하기 어려운 지역이나 사람들에게도 새로운 금융 서비스에 쉽게 접근할 수 있도록 했다. 보안성은 크게 강화됐다. 블록체인은 해킹이나 조작이 매우 어려운 구조로 거래가 분산된 여러 노드에서 검증된다.

그러나 중개인이 담당했던 고객신원확인, 자금세탁 방지 등을 누가 맡아야 하느냐를 두고 논쟁이 시작됐다. 관련 기술의 발전에 따라 과거 비디오 카세트테이프의 베타Beta와 브이에이치에스 VHS 진영, 모바일의 아이오에스iOS와 안드로이드 진영 간 경쟁처럼 블록체인 기술끼리도 탈중앙화 금융을 둘러싼 플랫폼 경쟁이 가열되고 있다. 비트코인, 이더리움 등 가상화폐와 대체불가능 토큰 등 새로운 형태의 디지털 자산도 만들어졌다. 이는 기존 금융 자산 외에 새로운 투자 자산군을 형성, 금융상품과 투자 기회를 다변화시키고 있다.

블록체인 기술의 발전으로 기존 금융 자산에 대한 '토큰화'가 가능해져 기존 금융을 바꾸고 있다. 제이피 모건 등 투자은행과 블랙록 등 자산운용사도 '금융의 토큰화'를 적극 모색 중이다. 금융의 토큰화 과정에서, 상호 운용성이 큰 '개방형 블록체인'과 보안성이 뛰어난 '프라이빗 블록체인' 간의 기술 경쟁도 업계의 관심이다.

금융 분야의 '대체불가능토큰'은 소유권 확립과 모금 등에 혁신을 일으켜 고객 참여와 수익 창출의 도구가 되고 있다. 대체불가능토큰은 디지털 아이디, 부동산, 의료기록 등의 분야에서 특히 유용하다. 미국에서는 2024년 대통령 선거를 전후로 블록체인 기술이 표방하는 자유지상주의(개인의 자유를 최우선의 가치로 삼고 이에 대한 최대한의 보장을 주장하는 이념)가 글로벌 정치권을 휘몰아치게 했다. 블록체인 기술로 금융은 구조적 변화가 촉진돼 더욱 빠르고 효율적인 거래 시스템이 가능해지고, 포용성이 높아지면서 보안성과 신뢰성은 강화되는 방향으로 발전해 가고 있다.

한편, 블록체인 기술의 발전은 법정통화도 바꿔 놓고 있다. 각국 중앙은행은 프로그래밍이 가능한 '중앙은행 디지털화폐'를 앞다퉈 도입하고 있다. 중국, 러시아 등은 스마트 콘트랙트를 이용해 미국의 달러패권을 우회하려 한다.

01

블록체인의 장점은
변경 불가한 '타임스탬프'거래 보장,
'디지털 지문' 격인 해시코드가 핵심

'서울-부산. 2024년 5월 5일(일) 09:00. 어른 1명'. 내가 모바일로 케이티엑스^{KTX} 티켓을 예매했을 때 휴대폰에 나타난 문자열이다. 이같이 표시되는 형식을 타임스탬프^{Time Stamp}(편지·문서의 발송·접수 날짜·시간 기록)라고 한다. 누가 언제 몇 시, 몇 분에 탑승하느냐는 계약 내용으로 저장되는 것을 가리킨다. 블록체인은 새로운 내용이 블록으로 체인처럼 연결돼, 블록이 추가될 때마다 실질적으로 변경할 수 없는 타임스탬프 거래를 담은 데이터베이스가 된다.

모두가 아는 듯, 또는 모르는 듯한 블록체인이란 무엇인가? 정답부터 말하자면, 블록체인은 일종의 전자원장^{electronic ledger}이다. 이 원장 안에서 디지털 자산의 거래가 데이터의 블록에 기록된다. 이 블록들은 특정한 순서로 함께 '체인'에 연결돼 있는데, '컴퓨터의 디지털 지문' 같은 복잡한 '해시코드hash code'를 사용해 보호된다.[1] 모든 새로운 거래의 세부 사항은 이 원장에 추가되기 전에 컴퓨터 네트워크 또는 노드(블록체인 네트워크의 참여자)에서 확인돼야 한다. 네트워크의 모든 노드는 거래가 유효한지 증명하기 위해 복잡한 수학적 문제를 풀라고 요구한다. 참가자 대다수로부터 그 해법이 유효하다는 결론을 인정받아야 한다. 즉 네트워크에 의한 합의 결정이어야 한다는 것이다.

네트워크의 모든 노드는 정보에 접근할 수 있다. 그리고 새 거래를 검증하고 블록에 추가하기 위해, 즉 다음 노드가 되기 위해 경쟁할 수 있다. 기존 원장과는 달리 블록체인 데이터베이스는 분산돼 있다. 블록체인에 추가되는 각각의 새 블록에는 해시hash라고 불리는 복잡하고 고유한 컴퓨터 생성 코드가 담겨 있다. 각 블록에는 현재 연결돼 있는 체인의 이전 블록에 대한 해시도 포함돼 있다.[2]

이렇게 매칭된 해시는 체인이 손상되지 않았고, 순서가 올바르며, 변경되지 않았음을 증명한다. 한 블록의 내용을 변조하려는 시도가 있으면, 해당 블록에 대한 새 해시가 생성된다. 이 새

1   https://www.ft.com/content/2691366f-d381-40cd-a769-6559779151c2
2   https://www.reuters.com/legal/legalindustry/trade-secret-metadata-blockchain-evidence-perfect-combination-2021-09-28

해시가 이전 블록의 해시와 다르면 체인은 끊어진다. 이 변조를 숨기려면 해커는 체인의 해시를 손대야 한다. 해당 블록의 해시를 변경하고, 다음 블록의 해시를 계속 다시 계산해야 하는 등 체인의 후속 블록에 있는 모든 해시를 바꿔야 한다. 이 프로세스는 너무 많은 컴퓨팅 성능이 필요해서 사실상 변조가 불가능하다.

블록체인 구축에는 여러 가상화폐 플랫폼 업체가 활용된다. 퍼블릭 블록체인의 60~70%는 이더리움 플랫폼에서 실행된다. 처리 용량이 이보다 더 큰 아발란체Avalanche, 솔라나Solana와 카르다노Cardano 등이 최근에는 이더리움의 라이벌로 등장했다. 특히, 솔라나는 대체불가능토큰의 새로운 컬렉션 판매를 위한 플랫폼으로 사용돼 왔다.

그렇다면 블록체인에 기록되는 대상인 디지털 자산은 무엇인가? 이는 개인이 소유 및 전송할 수 있는 데이터의 전자 파일이다. 디지털 자산은 ① 거래를 위한 통화로 사용되거나, ② 무형 콘텐츠를 저장하는 방법으로 사용된다. 컴퓨터화된 예술 작품, 비디오 또는 계약 문서 등이 이에 담긴다. 디지털 자산의 예로는 ① 비트코인 같은 가상화폐, ② 테더Tether 같은 자산 기반 스테이블코인asset-backed stablecoins, 그리고 ③ 원본 디지털 미디어의 소유권 증명서인 대체불가능토큰이 있다.

대체 어떤 이점이 있기에 블록체인상의 디지털 자산이 사용되는 것일까? 이 디지털 자산은 종이 기반의 자산 또는 물리적 자산보다도 발행이 더 빠를 수 있다. 전자로만 발행되는 포맷 Electronic-only Format은 거래 프로세스를 간소화, 관리 및 물리적 저장 비용을 줄인다. 반면, 디지털 자산의 위험도 없지 않다. 블록체인에 보관된 디지털 자산은 '투자 리스크'뿐 아니라 '보안 리스크'까지 모두 떠안아야 할 수 있다.[3]

여기서 투자 리스크란, 디지털 자산의 가치가 감정과 수요에 따라 크게 변동할 수 있다는 것이다. 가상화폐의 겨울Crypto Winter(가상화폐의 가치가 폭락하고 시장 내 자금이 줄어들어 거래량이 저조한 시기)과 가상화폐의 봄Crypto Spring(침체기 이후 가상화폐 시장이 다시 성장하고 긍정적인 분위기가 조성되는 시기) 사이에서 비트코인 등의 디지털 자산은 불과 몇 달 새 법정통화 대비 가치가 급등락을 거듭했다.

보안 리스크는 개인이 보유한 '디지털 자산'이 범죄자에 의해 해킹될 수 있다는 의미다. 디지털 자산을 보관하는 전자지갑은 복잡한 16자리의 '개인 키'로 보호된다. 사이버 범죄자들은 사용자를 속여 개인 키를 제공받은 다음, 그 자산을 훔칠 수 있다. 이와 함께, 개인 키를 잊어버린 사용자들은 자신의 디지털 자산에 대한 액세스 권한을 영구적으로 상실할 수 있다.

은행과 핀테크 회사들은 블록체인을 사용해 결제 시스템을 개

---

3   https://www.forbes.com/advisor/investing/cryptocurrency/crypto-wallets/

선하는 방법을 연구해 왔다. 분산원장 기술을 사용하면 지불 시스템을 더 빠르고 보다 안전하게 만들 수 있다. 일부 은행은 블록체인으로 채권을 발행하는 실험을 하고 있다. 이로써 기존 프로세스를 간소화하고, 비용을 절감하며, 결제 프로세스의 리스크를 줄일 수 있다. '월드 뱅크World Bank'는 이미 블록체인 기술을 사용해 채권을 판매하고 관리해 왔다. 유럽투자은행은 최근 이더리움 블록체인 네트워크에 등록된 2년물 채권으로부터 1억 유로(약 1,500억 원)를 조달했다.

블록체인의 분산 구조는 또한 금융의 중개인을 불필요하게 만든다.[4] 스마트 콘트랙트는 특정 조건에서 자체 실행할 수 있는 블록체인에 발행된 토큰에 코딩된 일련의 명령으로, 이를 통해 계약의 자동화된 이행이 가능해진다.[5]

현금을 버스 토큰으로 바꾸듯,
토큰화는 자산을 토큰으로 변환하는 과정

버스 토큰token은 1970년대부터 전국 주요 대도시에서 사용됐

[4] https://www.forbes.com/sites/forbestechcouncil/2021/04/22/blockchain-time-stamping-smart-contracts-and-time-stomping/
[5] https://www.mckinsey.com/featured-insights/mckinsey-explainers/what-is-blockchain

다. 1994년 서울 시내에서는 290원에 토큰 하나를 살 수 있었고, 한 번의 승차를 인정받았다. 버스 토큰의 사례처럼, 토큰은 경제적 가치가 있는 것으로 거래 또는 이전될 수 있는 증표다. 토큰은 실물이나 디지털의 전자적 형태로 발행하고 유통할 수 있다. 최근 들어서는 주로 가상화폐 등과 같이 분산원장 기술 플랫폼 내에서 발행하고 유통하는 전자적 증표를 지칭한다.

토큰화tokenization는 현금을 버스 토큰으로 바꾸듯, 자산을 토큰으로 변환하는 과정으로, 플랫폼상의 프로그래밍이 가능한 디지털 토큰으로 변환하는 프로세스를 의미한다. 증권 등 기존 자산을 토큰화해 거래의 편의성과 효율성을 높이려는 연구개발이 전 세계적으로 진행되고 있다. 국내에서도 음원, 미술품, 부동산 등 다양한 자산을 토큰화하는 시도가 활발하다.

토큰화된 예금 또는 예금토큰tokenized deposits은 은행이 분산원장 기술 등을 이용해 발행하는 예금과 유사한 형태의 디지털 자산이다.[6] 말 그대로, 은행예금을 블록체인에 사용할 수 있게 토큰화한 것이다. 토큰화된 예금 역시 은행의 부채로 인식되며 예금과 동일한 규제와 보호를 받는다. 은행 예금은 문제가 생겨도 한국에서는 예금보험공사가 은행당 5,000만 원까지, 미국의 경우

---

6   https://www.bok.or.kr/portal/bbs/B0000502/view.do?nttId=10079835&searchCnd=1 &searchKwd=&depth2=200038&depth3=201263&depth=201263&pageUnit=10&pag eIndex=32&programType=newsData&menuNo=201265&oldMenuNo=201263

연방예금보험공사^{FDIC, Federal Deposit Insurance Corporation}가 25만 달러(약 3억 6,495만 원)까지 보증해 준다.

예금토큰 보유자는 현행 계좌이체와 유사한 형태로 다른 사람에게 예금토큰을 이전할 수 있다. 이 예금토큰은 기존 예금에 비해 장점이 많다.

첫째, 스마트 콘트랙트 등 프로그래밍 기능을 통해 혁신적인 지급 및 결제 서비스를 손쉽게 구현할 수 있다. 둘째, 중개기관에 대한 의존도가 축소돼 판매자의 결제 수수료가 낮아진다. 특히 별도의 정산 과정이 불필요해 즉각적인 대금 수령이 가능하다. 반면, 현재 신용카드의 경우 3영업일 정도의 정산 기간이 소요되고 있다. 셋째, 토큰화된 자산을 거래할 때 더욱 안전하며 효율적인 결제를 지원할 수 있다. 넷째, 은행의 예금 감소에 따른 수신 기반 및 신용공급 여력 약화 등의 우려가 없다. 은행의 예금토큰은 언제든지 같은 은행의 일반 예금으로 전환할 수 있다. 각 은행은 경쟁을 의식해 이 예금토큰을 도입할 수밖에 없다. 이로 인해 금융권의 기술 혁신이 가속화할 전망이다.

한편, 예금토큰과 비슷하면서도 다른 스테이블코인^{Stablecoin}도 있다. 미국 등 해외에서는 가상화폐를 구매하기 위해 현금으로 스테이블코인을 산다. 그리고 이 스테이블코인으로 가상화폐를 거래한다. 스테이블코인은 이 칩처럼 기존 금융과 가상화폐 사이의 교량 역할을 한다. 즉 달러와 유로 같은 법정통화, 그리고 비트코인과 이더 등 가상화폐와의 중개인 역할을 맡고 있다. 스테이블코인은 화폐나 금융상품 등의 준비자산을 담보로 가치의 안정을 도모하는 가상화폐로, 다른 자산들에 가치가 페그^{Peg}(고정)돼 있다. 이 때문에 스테이블코인은 거래 대상인 다른 가상화폐의 변동성을 줄여준다.

스테이블코인은 가상화폐 생태계에서 마치 기축통화처럼 유동성의 핵심 원천이 되고 있다. 그러나 스테이블코인은 가상화폐 시장 내의 리스크를 기존 금융시장에 쉽게 전이하는 통로가 되기도 한다. 2022년 발생한 테라-루나$^{Terra-Luna}$(2022년 개당 10만 원에 육박하던 가상화폐 가격이 순식간에 1원 아래로 폭락해 '코인 판 서브프라임 모기지'로 불린다) 사태에서 보았듯이, 스테이블코인에서 코인 런$^{coin\ run}$이 발생하면 전체 가상화폐 가격과 시장 유동성은 폭락할 수 있다. 이는 전통적인 금융시장의 혼란으로 이어질 가능성이 크다. 현재 가상화폐 시장에서 가장 큰 스테이블코인은 테더^{Tether}로, 미 달러에 가치가 페그돼 있다. 글로벌 가상화폐 결제의 70%가량은 테더로 진행된다.

최근 스테이블코인의 급격한 성장으로 금융시장에 이 같은 우려가 점점 커지고 있는 것이 사실이다. 2022년 1분기 글로벌 스테이블코인 시장은 2020년 초 대비 무려 34배, 2021년 초 대비 5.5배 이상 가파르게 성장했다. 스테이블코인의 시가총액은 2021년 초 230억 유로(약 34조 5,096억 6,000만 원)에서 2022년 1분기 1,500억 유로(약 224조 9,910억 원)로 커졌다. 이는 유럽중앙은행European Central Bank의 보고서인 〈글로벌 스테이블코인에 대한 규제 및 금융 안정성 관점A regulatory and financial stability perspective on global stablecoins〉에 따른 내용이다.[7]

---

7   https://www.ecb.europa.eu//pub/financial-stability/macroprudential-bulletin/html/ecb.mpbu202005_1~3e9ac10eb1.en.html

02

금융 NFT는 고객 참여와
수익 창출의 도구,
소유권 확립과 모금 등에 혁신

한국의 케이뱅크를 주거래 은행으로 이용하고 있는 나는 인터넷은행이 통장을 발급해 주지 않는다는 것이 항상 찜찜하다. 대형 전산사고 등으로 은행 시스템이 마비돼 만에 하나 복구되지 못하면, 갖고 있던 예·적금을 어떻게 입증할지 막막하기 때문이다. 그러나 이 같은 문제는 블록체인 기술로 어렵지 않게 해결할 수 있다. 자산증명 '대체불가능토큰'이라면 최악의 국가적 재난·재해가 닥치더라도 내 자산 내용을 입증할 수 있다. 은행뿐 아니라, 보험이나 증권 등 전 금융권의 내 자산을 이미지화시켜 블록체인에 대체불가능토큰으로 저장하면 된다.

대체불가능토큰은 디지털 토큰의 일종으로, 각 토큰은 저마다 고유한 인식 값을 부여받아 세상에 단 하나밖에 없다. 서로 대체할 수 없는 가치와 특성 때문에 교환과 복제는 불가능하다. 원천적으로 해킹과 위·변조가 안 되는 블록체인 기술 적용을 통해 분산 저장, 데이터 소실 염려도 전혀 없다. 서명, 인감, 거래 내용, 계좌번호 등의 유출로 인한 사고의 우려는 사라지게 된다. 이 대체불가능토큰은 내 '디지털지갑Wallet'에 보관되며, 정기적으로 백업된다. 나의 개인 금융 서버를 갖게 되는 셈이다. 기존 금융권의 종이통장에 비해 ① 안정성, ② 편의성, ③ 보안성 등을 크게 높일 수 있다. 대체불가능토큰 자산증명으로 내가 가입한 모든 금융사의 잔고 등 계좌 정보를 어디서든 한 번에 제공받을 수 있다.

이처럼 금융 부문의 대체불가능토큰은 고객 참여와 수익 창출로 지속 가능한 비즈니스를 구축하는 도구가 되고 있다. 특히, 소유권 확립과 새 형태의 모금 등에 커다란 혁신이라고 평가받는다. 금융의 대체불가능토큰은 제삼자(서드파티)를 활용해 기존 은행 시스템과의 상호 운용성을 보장하고, 고객이 쉽게 혜택을 누릴 고객 경험UX을 제공해 줄 것으로 기대된다.

금융의 대체불가능토큰 외에도 토큰은 다양한 금융 분야에서 '자산의 토큰화' 형태로 활용되고 있다. 자산의 토큰화는 권리를 블록체인상의 디지털 토큰으로 변환하는 과정이다. 세계 최대 자산운용사인 블랙록은 엠엠에프MMF, Money Market Fund(고객의 일시적인 여유자금을 금리 위험과 신용 위험이 적은 국·공채, 어음 등에 운용해 얻은 수익을 배당하는 펀드의 일종)를 토큰화해 담보로 활용하고 있다. 블랙록의 토큰화 펀드는 2024년 3월, 출범 일주일 동안 2억 4,000만 달러(약 3,504억 4,800만 원)의 자금을 유치하는 성과를 올렸다. 이 토큰화 펀드는 이더리움 블록체인에 구축돼, 디지털지갑 간의 이체가 가능하다. 이 펀드는 현금과 미국 재무부 채권 그리고 환매 계약에 투자하며, 펀드 보유자는 토큰당 1달러의 가치가 있는 비들^{BUIDL}(블랙록이 이더리움을 기반으로 발행한 미국 국채 토큰화 상품)이라는 가상화폐를 받는다.[1]

글로벌 은행인 산탄데르^{Santander}와 토큰화 회사인 애그로토큰^{Agrotoken2}은 공동으로 아르헨티나의 대두, 옥수수, 밀 등 농산물을 토큰화해 이를 담보로 대출을 제공하고 있다.[3] 제이피 모건 역시 자사의 자산 플랫폼인 오닉스를 통해 채권자산 펀드와 엠엠에프 등을 토큰화하여 역시 담보로 활용하고 있다.[4] 비엔피 파리바^{BNP Paribas}도 채권자산 펀드를 토큰화했다.[5] 이들 토큰 중에서도 특히 다른 토큰과 대체가 안 되는 대체불가능토큰은 고객 참여와 수익 창출을 지속시킬 도구가 되고 있다. 마스터카드는 뮤지션과 창작자를 돕는 대체불가능토큰을 출시해 이들에 대한 인큐

---

1 https://www.bloomberg.com/news/articles/2024-03-27/blackrock-tokenized-fund-draws-160-million-in-week-since-debut
2 https://www.agrotoken.com
3 https://www.santander.com/en/press-room/press-releases/2022/03/santander-and-agrotoken-join-forces-to-offer-loans-secured-by-cryptoassets
4 https://www.jpmorgan.com/onyx/tokenized-collateral-network
5 https://www.ledgerinsights.com/bnp-paribas-ss-azimut-and-allfunds-partner-for-fund-tokenization

베이팅(양육) 프로그램을 지원하고 있다.[6] 비자는 지난 2022년에 전 세계 축구팬의 참여를 유도하기 위한 피파FIFA 월드컵 대체불 가능토큰을 출시하는 등 관련 이니셔티브를 시작했다.[7] 멕시코 의 비비브이에이BBVA의 경우, 멕시코 은행 창립기념으로 두 개의 대체불가능토큰 컬렉션을 폴리곤Polygon 블록체인으로 출시한 바 있다.[8]

글로벌 금융사들은 가상화폐 업계와의 제휴를 통해, 새로운 디지털 인프라의 결제 모델 생태계로의 확장에 노력하고 있다. 비자는 크립토닷컴Crypto.com과 파트너가 돼 가상화폐로 지원되는 직불카드를 발급했다. 마스터카드와 코인베이스, 그리고 페이팔 과 메타마스크MetaMask는 각각 짝이 돼, 법정화폐로 가상화폐를 구매하는 서비스를 제공하고 있다. 비엔와이 멜론BNY Mellon 은행 은 디지털 자산과 실물자산 모두를 지원하는 블록체인 인프라를 개발했다. 코퍼Copper는 기업을 위한 가상화폐 커스터디 아키텍처 를 제공해, 문제가 생겼을 때의 안전한 복구 서비스 등을 약속하 고 있다.[9]

금융기관들은 아직 대체불가능토큰보다는 비트코인처럼 대

6   https://techcrunch.com/2023/01/06/mastercard-launches-web3-focused-artist-incubator-with-polygon
7   https://usa.visa.com/about-visa/newsroom/press-releases.releaseId.19241.html
8   https://www.ledgerinsights.com/bbva-mexico-blockchain-web3-fund
9   https://www.coindesk.com/business/2024/01/30/web3-payments-firm-transak-joins-visa-direct-to-streamline-crypto-to-fiat-conversion

체가능토큰을 더욱 선호하고 있다. 대체불가능토큰이 '웹3 생태계'에서 등장한 혁신적인 애플리케이션 중 하나인 것은 분명하다. 커뮤니티 참여와 소유권 확립, 그리고 새 형태의 모금과 고객과의 소통 등에 혁신을 일으켜 왔다. 하지만 대체불가능토큰 프로젝트는 금융 등 다양한 산업에서 아직도 시장에 신기술을 도입하기 전에 성능을 검증하는 개념증명$^{PoC, Proof of Concept}$ 테스트가 위주다. 기존 금융사들은 토큰 증권 등 블록체인의 사용 사례를 우선적으로 추진하려 한다. 더욱 빠르고, 저렴하며, 안전한 블록체인의 이점부터 활용하려는 것이다.

대체불가능토큰의 금융 도입은 고객이 쉽게 접근해 혜택을 누릴 원활한 고객 경험 제공이 관건이다. 이를 위해, 세계 저명 정치인과 경제학자, 기업인 등이 모여 세계 경제를 토론하는 다보스포럼(일명 세계경제포럼$^{World Economic Forum}$)은 "제삼자를 활용해 대체불가능토큰을 기존 은행 시스템과 통합시켜 상호 운용성을 보장해야 한다"라고 조언한다.[10] 하지만 금융기관들은 고객신원확인^{KYC}, 자금세탁방지^{AML}, 지적재산권^{IP} 등의 불명확성으로 고객과 대체불가능토큰의 연결에 주저하고 있다. 대체불가능토큰은 아직도 초기 단계로, 대량 채택을 위해서는 시간과 개발이 필요한 듯하다. 대체불가능토큰의 전면적 활용이 지연되는 이유 중 하

10 https://www3.weforum.org/docs/WEF_Evolution_of_NFTs_2023.pdf

나로, 규제의 불확실성도 꼽힌다. 기업이 할 수 있는 일과 그렇지 못한 일이 상당 부분 명확하지 않다. 고객들에 실질적 가치를 주려면 장애물과 알려지지 않은 부분들이 해소돼야 한다.

NFT의 유용한 현실 사용 사례는
디지털 ID, 부동산, 의료기록

우리는 이미 콘서트의 티켓을 미리 프로그래밍 된 블록체인상의 '대체불가능토큰'으로 발급받고 있다. 가수의 디지털 콘서트 티켓이 대체불가능토큰으로 만들어질 수 있듯이, 디지털 아이디도 블록체인상에 저장해 발급되는 것이 가능하다.

한국의 인기 가수 장범준은 2024년 2월 공연을 앞두고 최대 6배로 프리미엄이 치솟은 암표 거래가 기승을 부리자, 판매한 티켓을 전량 취소했다. 대신 구매자 본인만 공연을 관람할 수 있고, 양수도가 불가능한 대체불가능토큰 형태의 티켓을 추첨으로 판매했다. 이 대체불가능토큰은 소유권과 판매 이력 등 정보가 모두 블록체인에 저장됐다. '스마트 콘트랙트'를 이용하여 블록체인에서 검증이 가능한 난수를 무작위로 생성해 추첨의 투명성을 보장했다. 대체불가능토큰은 구매에 '매크로(작업을 반복적으로 자동화하는 프로그램)'를 사용할 수 없어 공정성도 담보됐다. 이 대체불가능토큰 티켓으로 큐알코드 체크인 입장이 가능해, 관람객들의 대기 시간은 획기적으로 줄었다.

대체불가능토큰은 이처럼 무엇인가에 대한 소유권을 나타내고, 이를 거래할 수 있는 디지털 토큰이다. 대체불가능토큰의 진정한 가치는 공연 입장, 디지털 음원, 온라인 자산, 밈, 게임 액세서리 같은 비물리적 자산의 명확하고 분산된 소유권을 입증하는 데 있다.

대체불가능토큰에는 다음 세 가지의 중요한 속성이 있다.

첫째, 대체불가능토큰은 말 그대로 '대체가 불가능'하므로, 고유하고 유일무이하다. 진짜 모나리자 그림이 단 한 점뿐인 것처럼, 대체불가능토큰은 다른 토큰과 똑같은 토큰이 없다. 반면, '대체가능'토큰은 고유하지 않다. 대체가능토큰은 비트코인 같은 다른 토큰으로 대체해 교환될 수 있다.

둘째, 대체불가능토큰은 소유권을 나타낸다. 대체불가능토큰은 모든 유형의 자산 소유권을 디지털 형식으로 나타내 준다. 게다가 대체불가능토큰은 블록체인에 고정돼, 악의적인 행위자가 조작하거나 제어할 수 없는 불변의 기록을 보장한다. 대체불가능토큰은 그것이 나타내는 실제 사물로 취급된다. 대체불가능토큰을 판매하면 이 대체불가능토큰이 나타내는 실제 사물도 판매하게 된다.

셋째, 대체불가능토큰은 주택 같은 물리적 사물에서부터 가상화폐 예술 작품인 크립토펑크^{CryptoPunk}(2017년 라바 랩스^{Lava Labs}에서 만든 이더리움 기반 프로젝트) 등 디지털 자산 또는 지적 재산 같은 아이디어에 이르기까지 모든 것을 나타낼 수 있다.

금융 이외의 '대체불가능토큰이 추진할 수 있고 앞으로도 추진할 매우 현실적이고 실질적인 사용 사례'로는 첫째는 디지털 아이디, 둘째는 부동산, 그리고 셋째는 의료기록이 꼽힌다.[11] 개인과 연결되는 안전하고도 공유가 가능한 기록의 중요성은 더욱 커지고 있다. 모든 개인이 독특한 것처럼, 모든 대체불가능토큰도 독특하다.

---

11 https://www.forbes.com/sites/seansteinsmith/2022/06/19/nft-meltdowns-are-paving-the-way-for-better-use-cases/?sh=6f5ba60f40a4

제이피 모건 등 투자은행, 블랙록 등 자산운용사도 '금융의 토큰화' 모색 중

아이팟은 음악의 소비 방식을, 그리고 인터넷은 정보의 사용을 근본적으로 바꿔 놓았다. 아이팟과 인터넷이 음악과 정보에서 그랬던 것처럼, 토큰화도 과연 금융의 혁명을 가져올까? 예금과 주식, 채권, 펀드, 카드 등 금융의 토큰화가 글로벌 금융권에서 본격화되고 있다. 그러나 이들 토큰화된 금융상품의 판매는 아직 활성화되지는 못하고 있다.

토큰화란, 채권이나 펀드 등 기존 자산 소유권의 정보를 토큰으로 만든 것이다. 소유권 이력과 매매, 거래, 각종 규제 정보까지 블록체인상의 분산원장에 담긴다. 세계 최대의 자산운용사인 블랙록이 '토큰화'의 선두에 서 있다. 블랙록의 최고경영자인 래리 핑크^{Larry Pink}는 2024년 "증권의 토큰화가 차세대 시장"이라고 주장했다.[1] 이어, 같은 해 3월 블랙록은 이더리움 블록체인에서 발행된 최초의 토큰화된 펀드인 '블랙록 유에스디BlackRock USD'라는 기관 디지털 유동성 펀드Institutional Digital Liquidity Fund를 출시했는데, 목표는 무려 10조 달러(약 1경 4,602조 원) 규모 자산의 토큰화다.[2]

투자은행 업계에서도 제이피 모건 등이 채권, 펀드 등 기존 자산에 대한 디지털 전환 노력에 주력하는 한편, 토큰화 기업에 대한 투자에도 열심이다.[3] 바클레이즈Barclays, 로이드Lloyds 등 글로벌 은행들과 비자, 마스터카드 등 신용카드사들도 2024년 2월부터 토큰화 시범사업에 뛰어들었다.[4]

2023년 글로벌 금융기관인 시티는 큰손 고객들을 대상으로 이들이 보유한 예금의 토큰화에 대한 시범 서비스를 시작했다. 시티 토큰 서비스Citi Token Services라는 이름의 이 토큰화는 현금 관리 및 무역 금융이 목표인데, 블록체인과 스마트 콘트랙트 기술을 사용해 기관 고객을 위한 디지털 자산 솔루션을 제공한다.[5]

1   https://www.bloomberg.com/news/videos/2024-01-12/fink-sees-tokenization-of-financial-assets-as-next-step-video
2   https://www.forbes.com/sites/nataliakarayaneva/2024/03/21/blackrocks-10-trillion-tokenization-vision-the-future-of-real-world-assets
3   https://www.jpmorgan.com/onyx/project-guardian
4   https://www.bloomberg.com/news/articles/2024-04-15/barclays-citi-are-among-banks-testing-tokenized-deposits-in-uk
5   https://www.citigroup.com/global/news/press-release/2023/citi-develops-new-digital-asset-capabilities-for-institutional-clients

자산운용사인 프랭클린 템플턴^{Franklin Templeton}은 '토큰화된 엠엠에프^{MMF}'를 운용하고 있는데, 여러 펀드마다 활동 기록을 각각 관리하다가 이를 블록체인 위에서 통합해 업데이트하고 있다. 이자 발생, 배당 지급 등 여러 펀드의 관리 업무 처리에 토큰화가 효율을 크게 높이고 있기 때문이다.[6] 투자 운용사 해밀턴 레인^{Hamilton Lane}도 토큰화 펀드로 디지털지갑을 가진 개인 고객들을 공략 중이다.[7]

금융의 토큰화는 이처럼 가속도가 붙고 있다. 반면, 블록체인 기반의 금융상품 판매는 아직도 저조하다. 2023년 8월까지의 미국의 채권 발행 금액은 5조 3,000억 달러(약 7,741조 7,100억 원)에 달했다. 비슷한 시기에 토큰화된 채권 발행 금액은 50만 달러(약 7억 3,035만 원)가량에 불과했는데, 1만분의 1조차도 안 되는 수준이다. 이는 가상화폐의 부정적 이미지 때문이라고 해석된다.[8] 토큰이라는 말만 꺼내도 고객들은 모두 가상화폐라며 고개를 젓는 것이 현실이었다. 펀드매니저들조차도 기존 펀드의 구매에 익숙해 디지털화에 대한 필요성을 못 느낀다고 한다. 하지만 이런 가운데, 미국 핀테크 업체 시큐리타이즈^{Securitize} 등이 펀드의 토큰화

---

6   www.franklintempleton.com/press-releases/news-room/2023/franklin-templeton-money-market-fund-launches-on-polygon-blockchain

7   https://fortune.com/crypto/2024/07/23/hamilton-lane-becomes-first-asset-manager-to-launch-a-fund-on-solana-blockchain

8   https://www.ft.com/content/2f1badb9-9e13-4798-b12c-cd544694a5ee

기술을 아웃소싱 받아 성업 중이다. 이 업체에 맡기면 고객신원 확인과 자금세탁방지 검사 등을 한 번에 끝내 비용이 크게 절감된다.

미국 크립토 업계의 트럼프 열렬 지지, 웹3 자유지상주의의 발로

비영리 소비자 단체인 퍼블릭 시티즌Public Citizen에 따르면, 미국 최대 가상화폐 거래소인 코인베이스Coinbase는 2024년 미국 대선에서 가장 많은 5,050만 달러(약 738억 5,625만 원)를 기부했다. 두 번째로 많은 기부금을 많이 낸 곳 역시 가상화폐 리플을 발행하는 리플랩스Ripplelabs로, 4,800만 달러(약 701억 7,600만 원)를 기부했다. 이들 두 회사를 비롯해 미국 가상화폐 업계에서 나온 대선 기부금만 무려 1억 1,900만 달러(약 1,739억 7,800만 원)에 달하며, 전체 기업 기부금의 절반가량을 차지했다.[9] 가상화폐 업계 일각에서는 앱으로 정치인의 가상화폐 관련 발언을 평가한 뒤, 업계 커뮤니티에 후원을 요청하고 있다.

가상화폐 업계의 다수 인사들은 도널드 트럼프Donald Trump 대통

---

9   https://www.citizen.org/article/big-crypto-big-spending-2024

령을 열렬히 지지했고, 가상화폐 분야의 거물들 상당수는 공화당에 힘과 돈을 보탰다. 이에 호응해 트럼프는 선거 전인 2024년 7월, 세계 최대의 가상화폐 연례행사인 '비트코인 2024 콘퍼런스 Bitcoin 2024 Conference'에서 연설하며 비트코인에 대한 절대적 지지를 밝혔다.[10]

가상화폐 업계의 정치적 지지가 트럼프와 공화당에 쏠리는 이유는 무엇일까? 이 산업의 근저에 깔린 이념적 지향을 들 수 있다. 가상화폐 업계의 열광에는 우파와 친화성이 큰 웹3의 자유지상주의 libertarianism가 배경으로 자리 잡고 있다. 자유지상주의는 개인을 통제하는 어떤 권위도 부정하고, 최소 정부를 정치적 목표로 하며, 자유경쟁 시장을 본질적 제도로 삼는 이념이다. 현대의 하이예크Hayek와 미제스Mises 등의 사상가로 이어져, 로널드 레이건Ronald Reagan을 비롯한 미국 공화당과 마거릿 대처Margaret Thatcher를 중심으로 한 영국 보수당 이데올로기의 근간이 되고 있다.

웹3의 이념은 비트코인의 창시자인 사토시 나카모토Satoshi Nakamoto의 글에서 두드러진다. 그는 2008년 비트코인이라는 피투피 전자화폐 시스템A Peer-to-Peer Electronic Cash System을 묘사하면서 "자유지상주의적 관점에서 매우 매력적"이라고 평가했다.[11] 중

---

10 https://edition.cnn.com/2024/07/27/politics/donald-trump-bitcoin-cryptocurrency/index.html

11 https://satoshi.nakamotoinstitute.org/emails/cryptography/12

앙집중화된 제삼자의 검증과 정부의 감독이 없는 대신, 가상화폐 기술로 검증되고, 사용자들로부터 관리받기 때문이라고 풀이된다. 블록체인에서는 정부는 물론, 빅테크 등 중앙집중화된 제삼자의 검증이 불필요하다.

실제로, 페이팔의 공동창업자로 트럼프를 후원한 큰손 피터 틸Peter Thiel은 "인공지능이 공산주의자communist라면, 가상화폐Crypto는 자유지상주의자"라고 말했다.[12] 인공지능은 하향식 결정들을 내리는 중앙집중화된 기기의 발전을 대표하는 반면, 가상화폐는 바텀업bottom up 방식으로 아래로부터의 결정을 내리는 많은 개인과 컴퓨터가 필요하기 때문이라는 것이 이유이다.

벤처캐피털 앤드리슨 호로위츠Andreessen Horowitz의 공동창업자로 역시 공화당을 지지한 마크 앤드리슨Marc Andreessen은 "(가상화폐가) 테크 산업보다 더욱 탈중앙화되고 좀 더 기업가정신에 우호적인 '우익 기술'을 대표할 수 있다"라고 묘사했다. 실제 세계에 회사가 존재할 필요 없이 참여자들에게 보상할 수 있기 때문인데, 새로운 종류의 인센티브 시스템들이 가능해진다는 것을 이유로 들었다. 예컨대, 탈중앙화된 무선 네트워크인 헬륨Helium은 개개인들에게 근처의 인터넷 연결 장치를 사용하도록 각자의 집에 '핫스팟'을 설치하라고 권한다. 이 핫스팟이 더 많이 사용될수

---

12   https://www.axios.com/2018/02/13/peter-thiel-ai-is-communist-1518541570

록 이를 설치한 개인들은 가상화폐 토큰을 더 많이 받는다. 이런 방식으로 '웹3' 토큰 보유자들이 조직을 이뤄, 거버넌스 문제들에 대해 투표권을 행사한다.[13] 웹3의 개발자와 사용자들은 이처럼 플랫폼을 구축하고 이를 통해 상호 작용하는 보상을 받을 수 있다. 알고리즘 작동은 투표로 결정하고, 사용자들은 자기 몫의 이익들을 챙긴다.

가상화폐 업계 내에서는 대형 거래소인 코인베이스가 현재 로비스트 역할을 주도하고 있다. 이 회사의 창업 최고경영자인 브라이언 암스트롱Brian Armstrong은 "선출직들이 합리적으로 정책을 추진하도록 뭉치자"라고 가상화폐 커뮤니티에 호소해 왔다. 금융당국의 가상화폐에 대한 강력 규제는 우회가 불가능한 것으로 드러났기 때문이었다. 코인베이스는 2018년부터 매년 200만 달러(약 29억 2,400만 원) 이상을 로비 비용으로 지출하고 있다. 코인베이스는 엑스 등 소셜 미디어를 적극 활용해 선출직 공직자들에 압력을 가하는 것에 능숙하다. 특히, 자사의 앱에 의원들을 상대로 점수를 매기는 방식이 눈에 띈다. 정치인들에 대해 공개 발언을 기반으로 가상화폐 친화도에 따라 점수를 부과하고 있다. 가상화폐에 친화적인 후보들에 대해서는 가상화폐 커뮤니티에 비트코인 등으로 기부해 달라고 요청하고 있다.[14]

---

13   https://www.economist.com/finance-and-economics/2022/04/16/the-complicated-politics-of-crypto-and-web3

가상화폐 업계의 트럼프 지지는 바이든^Biden 행정부에 대한 피해의식 때문이기도 하다. 업계는 코인베이스 등 거래소들에 대한 민주당 정부의 공격적 접근 방식에 문제를 제기하며, "이는 혁신을 저해하고, 미국 기업을 해외로 밀어낼 위험이 있다"라고 주장하고 있다. 마크 앤드리슨은 "가상화폐가 미국에서 바이든 대통령과 개리 겐슬러^Gary Gensler 증권거래위원회^SEC 위원장으로부터 잔혹한 공격을 받았다"라면서 "트럼프 대통령은 전반적으로 모든 것을 완전히 균일하게 포용하고 있다"라고 말했다.[15]

---

14 https://www.ft.com/content/fe18ab57-dec9-4b55-84d5-82f4afb15d8e
15 https://www.nytimes.com/2024/05/23/technology/silicon-valley-conservative-trump.
    html

iOS와 안드로이드의 경쟁처럼 블록체인 기술끼리 지금 디파이 전쟁 중

탈중앙화 금융^{DeFi} 생태계를 지배하기 위한 블록체인 기술들 사이의 전투가 눈앞에서 지금 벌어지고 있다. 과거 인터넷이 만 개하기 이전에는 테크기업들로부터 제공된 피시통신 등 가두리 Walled Garden 안으로 사용자 대부분이 포섭됐다. 그러나 이제 블록 체인 위에 구축된 응용프로그램은 모두 제각각 작동하고, 서로 경쟁하고 있다. 다양한 블록체인 위에 구축되는 애플리케이션의 크기와 기능은 급증하고 있다. 이에 따라 '탈중앙화' 디지털 경제 의 가능성이 더욱 커지는 중이다. 탈중앙화 경제의 가장 중요한 부분은 탈중앙화 금융이다.

이 탈중앙화 금융은 사용자가 자산을 거래하고, 대출을 받고, 예금을 저장할 수 있게 해 주는 애플리케이션이다. 이 분야에서 블록체인 기술끼리 시장 점유율을 높이기 위한 전투가 치열하게 벌어지고 있다. 선도적 탈중앙화 금융 플랫폼인 이더리움은 한때 거의 완벽에 가까웠던 독점력을 크게 상실해 가고 있다. 비트코인을 대체해 온 이더리움 역시, 이제는 더 새롭고 더 나은 기술에 조금씩 밀리는 형국이다.[1] 관련 기술 간의 전쟁은 탈중앙화 금융의 표준을 차지하기 위한 것이 목적이다. 1975~1976년 소니Sony의 베타맥스Betamax와 제이브이시JVC의 브이에이치에스VHS 비디오카세트 테이프 경쟁과 유사하다. 베타맥스는 1975년 경쟁 규격인 브이에이치에스보다 1년 일찍 출시됐다. 테이프 크기 자체가 작고 화질도 좋았다. 그러나 베타맥스는 이용할 콘텐츠가 부족했다. 이 싸움에서 결국 브이에이치에스가 승리했다. 웹에서는 윈도우Windows, 아이오에스iOS, 그리고 안드로이드Android가 경쟁하고 있다. 비디오와 웹에서처럼 블록체인에서도 몇 개의 플랫폼들이 치열하게 전쟁을 벌이는 중이다.

이더리움은 블록체인 가운데 가장 많은 거래량을 차지하고 있는데, 2024년 3월 전체 거래량의 37.1%를 보였다. 이때를 기준으로, 거래량은 696억 7,000만 달러(약 101조 8,366억 3,900만 원)에 달했다. 경쟁 플랫폼인 솔라나Solana는 21.3%의 시장 점유율을 보였고, 거래량을 기준으로는 두 번째로 큰 블록체인이었다. 거래

---

1   https://www.economist.com/finance-and-economics/the-race-to-power-the-defi-ecosystem-is-on/21807229

량은 400억 5,000만 달러(약 58조 5,290억 7,000만 원)로 증가했다. 폴리곤은 4.7%, 아발란체는 3.1%를 각각 차지했다.[2]

블록체인은 많은 컴퓨터에 분산되고, 암호화된 기록으로 안전하게 유지되는 데이터베이스다. 이 블록체인은 글로벌 은행과 빅테크 플랫폼 같은 '중앙집중식 중개인'과 경쟁하고 있다. 블록체인의 초기 금융 시스템에 저장된 자산의 가치는 2020년 초 10억 달러(약 1조 4,614억 원) 미만에서 불과 2년 새 2,000억 달러(약 292조 2,000억 원) 이상으로 증가했다. 그러나 블록체인 기술은 글로벌 은행과 빅테크의 기술보다 아직도 느리다.

비트코인과 지분증명 이전의 이더리움은 '작업증명'이라는 메커니즘을 사용해 왔다. 작업증명 방식으로는 네트워크 속도가 느리고 용량이 제한되는데, 비트코인의 경우 초당 7개의 거래만 처리할 수 있다. 지분증명 이전의 이더리움은 초당 15개만 거래를 처리할 수 있었다. 하지만 지분증명 이후에는 초당 30개 수준으로 거래가 빨라졌다.

이더리움 네트워크에서 거래를 완료하라는 요구가 많아지면, 이를 확인하는 컴퓨터에 지불해야 하는 '가스비gas fee(수수료)'가 상승하고, 결제 시간은 늘어나게 된다. 예컨대 500달러(약 73만 500원)를 이더리움으로 전환하기 위해서는 가스비를 무려 70달

---

2   https://www.coingecko.com/research/publications/blockchain-trading-volume-market-share

러(약 10만 2,270원)나 내야 한다. 가상화폐 지갑에서 다른 지갑으로 이체가 발생하기까지는 몇 분이 걸린다. 개발자들은 오랫동안 이더리움의 용량 확장을 더 용이하게 만들기 위해 지분증명을 추진해 왔다.

또 다른 아이디어는 블록체인을 분할하는 '샤딩Sharding'이다. 대규모 데이터를 처리하기 위해, 데이터를 여러 조각으로 나눠 저장하는 기술이다. 샤딩은 '조각'이라는 뜻으로, 한 곳에 저장돼 있던 데이터를 여러 샤드(수평 분할한 데이터베이스 테이블)에 저장할 수 있게 한다.

탈중앙화 금융 애플리케이션 가운데 이더리움을 사용하는 점유율은 2021년 말 70%로 떨어진 이후 계속 하락하고 있는 것으로 추정된다. 반면, 아발란체, 솔라나 그리고 바이낸스 스마트 체인Binance Smart Chain 같은 경쟁 네트워크의 점유율은 증가하고 있다. 이들은 블록체인을 실행하기 위해 지분증명을 사용한다. 이들은 이더리움과 동일한 기본 작업을 수행하지만, 더 빠르고 저렴하다. 아발란체와 솔라나는 모두 초당 수천 건의 거래를 처리한다. 솔라나의 경우, '비자카드 규모의 거래량'을 '약 40만분의 1초' 만에 정산 완료하는데, '약 20분의 1의 거래 비용'으로 처리할 수 있다. 솔라나는 초당 최대 6만 5,000개 거래의 처리가 가능하다.

이더리움, 아발란체, 솔라나, 폴리곤 등은 모두 ① 대체불가능 토큰 장터Non Fungible Token Marketplace, ② 탈중앙화 금융 앱, ③ 탈중앙화 거래소^{DEX, Decentralized EXchange}, ④ 스테이블코인, ⑤ 결제 등을 지원하고 있다. 이 중 솔라나와 폴리곤의 높은 처리량과 낮은 거래 수수료는 게임 등 거래량이 많은 사용 사례에 매력적인 선택이 되고 있다.

이더리움에는 코인을 마치 예금처럼 예치하고 이자를 받는 유니스왑^{Uniswap}, 가상화폐 담보 스테이블코인인 다이^{DAI}를 갖춘 탈중앙화 금융 커뮤니티인 메이커 다오^{Maker DAO, Decentralized autonomous organization}(탈중앙화 자율조직) 등 광범위한 프로젝트가 몰려 있다. 이에 상응해 솔라나에는 탈중앙화 거래소인 세럼^{Serum}, 코인을 예치하고 수익을 얻는 레이디움^{Raydium}, 마진 거래와 선물 거래의 기능을 제공하는 망고 마켓^{Mango Markets}, 대체불가능토큰 장터인 메타플렉스^{Metaplex} 등이 있다. 폴리곤에도 비슷한 기능을 가진 대출 및 차입 플랫폼 아브^{Aave}, 탈중앙화 거래소인 커브 파이낸스^{Curve Finance}와 스시스왑^{Sushiswap}이 운영되고 있다.[3] 블록체인 내부 기술 전쟁의 궁극적인 승자는 최고의 개발자를 끌어들이는 네트워크가 될 것이다.

---

3 https://www.blockchain-council.org/blockchain/solana-vs-polygon-vs-ethereum

금융의 토큰화는 상호 운용성의
'개방형 블록체인'이 바람직

제이피 모건은 오닉스라는 엔터프라이즈 블록체인^{Enterprise} ^{blockchain}(기업 내부에서 사용되며 기업의 비즈니스 요구에 맞추어 설계된 블록체인 기술)을 글로벌 은행 최초로 운영하고 있다.[4] 오닉스는 기업 고객을 위한 소위 '프로그래머블 머니^{programmable money}(스마트계약으로 불리는 사전에 합의 혹은 지정된 조건이 프로그램화돼, 조건 충족 시 계약 내용대로 자동 실행되도록 하는 기능을 가진 디지털화폐)'다. 법정화폐를 포함한 다른 자산과 연결된 가치 이전의 지불 방법으로 사용된다.[5] 제이피 모건은 이 엔터프라이즈 블록체인이 "금융 서비스 산업에서 주요 변화의 최전선"이라며 "돈과 정보 그리고 자산이 전 세계적으로 이동하는 방식을 재설계하는데 도움을 준다"라고 설명한다. 오닉스는 제이피 모건 내의 디지털 자산, 지급 결제와 정보 공유에 특화돼 있다.

제이피 모건의 이 사례처럼, 글로벌 금융기관의 토큰화는 단일 기관이 운영하는 엔터프라이즈 블록체인에서 주로 진행되고 있다. 엔터프라이즈 블록체인은 하나의 기관이 관리하므로 액세스는 해당 기관이 통제한다. 주로 기업이 비즈니스 요구에 맞춰

4   https://www.jpmorgan.com/onyx/blockchain-launch#
5   https://www.ft.com/content/b8d78b6b-a7fa-4525-8c68-99c468aac241

설계, 활용하기에 엔터프라이즈 블록체인이라는 이름으로 불린다. 이 기관은 네트워크에 참여할 수 있는 사람을 결정하고, 거래를 확인하며, 공유 원장을 유지·관리한다. 이러한 네트워크는 부분적으로만 탈중앙화돼 있으며, 이 블록체인에 대한 대중의 접근은 제한된다. 기업의 비즈니스 프로세스에서 발생하는 문제를 해결하고 자동화하는 한편, 효율성을 높이고 보안성을 강화하기 위해 사용된다. 엔터프라이즈 블록체인은 프라이빗 블록체인 Private blockchain(블록체인 소유자에게 허가받은 이들만이 읽고 쓰는 권한을 갖는 블록체인)이라고도 한다.[6]

엔터프라이즈 블록체인은 일반적으로 효율성이 좋다고 평가된다. 서비스 제공자인 기업이나 기관의 승인을 받아야만 참여할 수 있기 때문이다. 법적 책임을 지는 기관만이 거래 명세를 담은 블록을 생성하고 승인할 수 있다. 엔터프라이즈 블록체인은 네트워크에서 승인받은 노드(참여자)만 참여하고 다른 노드의 검증은 필요 없기에 처리 속도가 훨씬 빠르다. 하지만 엔터프라이즈 블록체인 못지않게, 탈중앙화 금융을 활용한 개방형 블록체인은 상호 운용성과 투명성, 혁신성 등에서 이점이 크다.[7]

개방형 블록체인은 허가가 필요 없이 누구나 자유롭게 네트워

---

6   https://www.cnbctv18.com/cryptocurrency/blockchain-private-and-their-use-cases-14166142.htm

7   https://www.economist.com/the-world-ahead/2021/11/08/decentralised-finance-is-booming-but-it-has-yet-to-find-its-purpose

크의 핵심 활동에 가입하고 참여할 수 있다. 모든 사용자는 블록체인의 진행 중인 활동을 보고 확인할 수 있는 동등한 권리를 갖는데, 비트코인과 이더리움 등이 개방형 블록체인의 대표적인 예이다. 이 네트워크에서는 모든 사용자가 노드를 자원해 활동할 수 있다. 노드는 트랜잭션을 검증하고 분산원장의 사본을 유지하는 역할을 담당한다. 누구에게나 개방되고 누구나 트랜잭션을 생성할 수 있어, 개방형 블록체인은 퍼블릭 블록체인Public blockchain(중앙기관의 허가 없이 누구나 참여하고, 데이터를 읽고, 쓸 수 있는 분산형 네트워크)으로 불리기도 한다. 개방형 블록체인은 모든 참여자의 상호 검증을 거쳐 신뢰도가 높다. 하지만 모든 참여자의 거래 기록을 남기고 이를 공유하기 때문에 상대적으로 처리 속도가 느리다는 단점이 있다.

지난 2019년부터 금융 시스템의 많은 기능을 이더리움 블록체인의 애플리케이션과 프로토콜이 조금씩 대체해 왔다. 주지하다시피, 이더리움은 개방형 블록체인으로 코드의 라인들을 저장하고 검증할 수 있다. 미리 정해진 조건에 따라 스스로 실행되는 '스마트 콘트랙트'를 통해 수행된다. 지갑, 지불 시스템, 예금과 대출 애플리케이션, 심지어 가상화폐 체계를 자체적으로 안정화하기 위한 투자 펀드와 시스템 등 많은 것들이 스마트 콘트랙트를 사용한 오픈 소스 코드로 작성됐다. 계속 성장하고 있는 일련의 이 기능이 바로 탈중앙화 금융이다. 이 시스템은 기존 금융에 비해 많은 장점이 있으며, 비용이 저렴하고, 속도는 거의 즉각적이다.

이 같은 탈중앙화 금융이 전통 금융과 합쳐지기 시작했다. 전통 은행의 예금과 대출 등 금융 거래는 중앙 집중형 시스템에서 이뤄져 왔다. 전통 증권사에서 주식과 채권을 거래할 때 금융 중개인(브로커)의 개입은 피할 수 없다. 은행, 증권사, 카드사 등 기존 금융기관은 모든 금융 거래에서 일정 비율을 수수료로 지불받고 거래를 중개해 준다. 이 기존 금융의 방식에 반기를 들고 나선 것이 탈중앙화 금융이다.

전통 금융 시스템이 다뤄 온 주택, 주식, 채권 등 자산이 탈중앙화 금융의 블록체인 시스템으로 옮겨가고 있다. 과거의 시도들은 단일 기관이 운영하는 '엔터프라이즈 블록체인'을 사용해 상당한 효율성의 이점을 제공했다. 하지만 상호 운용성 그리고 투명성 같은 탈중앙화의 많은 이점은 누리지 못했다.

탈중앙화 금융은 주식 같은 자산을 개방형 블록체인 시스템으로 옮기는 방법을 활발히 모색하고 있다. 블록체인 기술의 발전에 힘입어 금융의 민주화를 목표로, 블록체인 네트워크에서 브로커 없이 피투피로 거래하는 금융 서비스다. 블록체인 지지자들이 중앙 집중형의 기존 금융 서비스를 중앙화 금융^{CeFi, Centralized Finance}이라고 부르면서, 이에 상응하는 개념으로 나온 용어가 탈중앙화 금융이다. 가상화폐를 이용한 지급 결제·송금·예금·대

출·투자 서비스 등이 이 탈중앙화 금융을 통해 서비스된다.[8]

탈중앙화 금융은 금융 중개인(브로커)이 필요 없이 당사자끼리 직접 금리를 협상할 수 있다. 피투피 대출은 금융기관에 비해 같은 조건의 차주에게는 이자가 더 저렴하고, 전주에게는 더 높은 수익을 가져다준다. 탈중앙화 금융 애플리케이션을 사용하는 모든 당사자는 원장의 동일한 사본을 가지게 되며, 시스템을 관리하는 중개인이나 게이트 키퍼가 없다. 거래는 '체인'에 새로운 거래의 '블록'을 추가하는 과정을 통해 검증되고 기록된다. 탈중앙화 금융은 거래 상대방의 결제 리스크를 제거할 수 있는데, 거래 규칙을 함부로 변경할 수 없는 방식으로 미리 정해 놓았기 때문이다. 대출에 대한 담보를 스마트 콘트랙트에 고정해 거래 상대방의 채무 불이행 리스크를 없앨 수 있다.

탈중앙화 금융을 통해 가상화폐가 거래되는 곳은 탈중앙화 가상화폐 거래소DEX, Decentralized cryptocurrency EXchange라고 불린다. 탈중앙화 가상화폐 거래소에서는 개인 소유의 가상화폐 지갑끼리 직접 가상화폐를 교환할 수 있다. 업비트, 빗썸 등 기존 중앙화 금융 가상화폐 거래소에서는 가상화폐를 사고팔더라도 분산원장에 거래 내용이 기록되지 않는다. 하지만 탈중앙화 가상화폐 거래소에서는 거래 내역이 블록체인의 분산원장에 기록되기 때문

---

8 https://cointelegraph.com/learn/defi-vs-cefi-comparing-decentralized-to-centralized-finance

에 모든 사용자가 이를 확인할 수 있다.[9]

탈중앙화 가상화폐 거래소에서 가상화폐를 교환하려면 해당 거래소가 지원하는 디지털 지갑을 갖고 있어야 한다. 이 디지털 지갑에는 가상화폐에서부터 블록체인 기반 게임에 이르기까지 모든 것이 보관된다. 이 지갑은 거래소가 아니라 소유자가 직접 관리하기 때문에 거래에 대한 책임은 소유자에게 있다. 실제로 비트코인을 구매하면 소유하게 되는 것은 이 비트코인 블록체인의 '공개 키'와 '개인 키'다. 공개 키는 은행의 계좌번호와 비슷한 것으로 누구와도 공유할 수 있지만, 돈에 대한 액세스는 제공하지 않는다. 은행 계좌의 비밀번호와 같은 것이 바로 개인 키다. 이 개인 키를 분실하면 내 가상화폐에 대한 권한을 잃는다. 나 대신, 나의 개인 키를 보유한 사람이 권한을 갖게 된다.

'인터넷에 연결된 전자지갑(핫 월렛Hot Wallet)'은 업비트, 빗썸 등 가상화폐 거래소가 제공한다. '인터넷과 연결되지 않은 전자지갑(콜드 월렛Cold Wallet)'은 필요한 경우, 온라인에서 구매할 수 있다. Amazon.com에서는 트레저 세이프 5Trezor Safe 5 하드웨어 지갑이 169달러(약 24만 6,909원)에 팔리고 있다.

---

9   https://www.forbes.com/advisor/in/investing/cryptocurrency/defi-decentralized-finance

05

디파이에서는
DAO가 은행 대신,
KYC·AML 책임져야

우리가 송금 등을 위해 은행을 이용할 때, 은행은 내 신원을 확인해 자금세탁을 예방한다. 그럼, 은행 대신 탈중앙화 금융 플랫폼인 유니스왑, 스시스왑 등에서 비트코인 등 가상화폐의 송금이 이뤄질 때 송금자의 신원은 누가 확인해야 할까? 특히 이 가상화폐가 마약 밀매나 테러와 관련된 자금으로 의심된다면?

탈중앙화 금융 플랫폼 위에서 이뤄지는 가상화폐 거래에서 각 코인은 앞서 언급한 '개인 키'의 보유자가 관리한다. 패스워드에 해당하는 개인 키만 있으면, 범죄자들과 부패 정치인들은 자금 출처와 소유권을 감출 수 있다. 이 때문에, 매년 수천억 달러가 가상화폐의 글로벌 금융망을 돌아다니며 손쉽게 세탁되고 있다. 탈중앙화 금융 플랫폼들은 스스로를 금융 거래가 이뤄지는 소프트웨어에 불과하다고 주장하고 있다. 그럼, 각국 금융당국이 은행과 대출업자 등에게 부과했던 고객신원확인^{KYC, Know Your Customer} 의무는 탈중앙화 금융에서는 누가 책임져야 할까? 자금세탁 방지^{AML, Anti Money Laundering} 의무는 누가 떠맡아야 할까?

블록체인 기술이 확산하면서 관련 기업의 구조는 오픈소스의 소프트웨어에 의존하는 탈중앙화 자율조직^{DAO, Decentralized Autonomous Organization}으로 조금씩 변화하고 있다. 탈중앙화 자율조직은 통상 해당 프로젝트와 관계된 거버넌스 토큰(블록체인 프로젝트에서 의사결정 과정을 탈중앙화하고, 커뮤니티의 참여를 통해 프로젝트 운영과 관련된 중요한 결정을 내릴 수 있도록 하는 디지털 자산) 소유량에 비례해 의사결정 권한이 커진다. 프로젝트 참여자들은 정책 결정권을 공유하고 블록체인의 스마트 콘트랙트를 이용해 탈중앙적 의사결정을 한다. 토큰 소유자들은 특히 자산의 보관, 이전, 구성원의 이익 등과 관련된 투표를 처리한다. 탈중앙화 금융 플랫폼의 옹호자들은 "블록체인이 가상화폐 거래의 디지털 원장으로 부상하면서 금융은 마치 사랑처럼 국가의 개입 없이 이뤄지게 될 것"이라고 주장한다.[1]

탈중앙화 금융 플랫폼은 금융의 일부를 '스마트 콘트랙트 소프트웨어'로 대체하고 있다. 이들 플랫폼은 현재 수백억 달러 규

---

[1]   https://www.ft.com/content/beeb2f8c-99ec-494b-aa76-a7be0bf9dae6

모의 자산으로 성장했다. 디지털 자산을 효율적으로 사용해, 처리 비용이 싸고 거래 속도도 빠르다. 문제는 이 탈중앙화 금융 플랫폼에 대한 통제를 누가 해야 하느냐는 것이다. 자금세탁 방지의 핵심인 은행, 중개인(브로커), 송금업자들까지 탈중앙화 금융이 대체해 버리면, 고객신원확인 의무 부과에 따른 의심 거래 모니터링과 보고는 도대체 누가 해야 할까?

탈중앙화 금융의 옹호자들은 탈중앙화 금융 플랫폼이 금융 중개인이 아니라 '오픈소스 인터페이스'에 불과하다고 주장한다. 탈중앙화 금융의 관련 소프트웨어 개발자들은 금융 산업 전체를 전복시키려 하고 있다. 탈중앙화 금융이 금융의 혁신을 일으킨 것은 사실이지만, 이 때문에 '자금세탁'까지도 혁신해 버렸다. 마약 카르텔 등의 수익금 세탁을 위한 가상화폐 악용은 덩달아 증가하고 있다. 가상화폐는 거래가 은밀하고도 효율적인 데다 탐지까지 어려워, 국가 간의 거액 이동에 유용하다. 게다가 모네로 Monero, 지캐시 Zcash, 대시 Dash 등 소위 '프라이버시 코인'은 추적이 더욱 힘들다. 거래에 여러 당사자를 관여시켜, 누가 거래했는지 구별이 쉽지 않다. 이에 대해 "프라이버시는 보장하되, 컴플라이언스 기능은 추가시켜야 한다"라는 비판이 나오고 있다. 현재는 고객신원확인을 지키지 않아도 탈중앙화 금융 플랫폼을 폐쇄하지는 못하고 있다. 탈중앙화 금융 플랫폼은 빨간불에도 정지하지 못하는 자율주행 자동차와 비슷하게 발전해 가고 있다.

그러나 소프트웨어 개발자들에게 '자금세탁 금지'의 의무를 부과할 수 있느냐는 반론도 거세다. 소프트웨어 작성에 대한 사전적 간섭은 각국의 헌법이 보장한 언론출판의 자유를 침해할 소지가 크다는 주장이다. 미 의회 일각의 탈중앙화 금융 옹호자들에게서는 "탈중앙화 금융이 미국에서 규제되면 다른 나라로 간다"라는 우려도 나오고 있다. 이에, 개리 겐슬러 전 미국 증권거래위원회SEC 의장은 "탈중앙화 금융 플랫폼을 소프트웨어로 부르는 것은 잘못"이라면서 다른 목소리를 냈다. 그는 "자금세탁 방지 의무를 탈중앙화 금융 플랫폼과 연계된 중개기업에 부과하자"라고 주장하고 있다.

미국 규제당국은 "탈중앙화 금융이 해커와 북한의 불법 자금조달에 악용되고 있다"라며 자금세탁법을 강화해야 한다고 목소리를 높였다. 유럽연합은 한 발 더 앞서가고 있다. 프랑스 규제당국과 파리 금융시장법위원회HCJP는 '탈중앙화 또는 중개인 없는 금융Decentralized or disintermediated finance'이라는 탈중앙화 자율조직 관련 법 규제를 논의해 왔다. 프랑스는 탈중앙화 자율조직에 법적 규정을 적용해, 필요에 따라 감독하는 방안을 유력하게 검토하고 있다.[2] 결과가 주목된다.

2   https://acpr.banque-france.fr/sites/default/files/medias/documents/20230403_
      decentralised_disintermediated_finance_en.pdf

선불 기프트 카드는 크립토의 공공연한 '그림자 화폐'

스웨덴의 가상화폐 전자상거래 사이트인 비트리필bitrefil3에서는 내 비트코인으로 한국의 편의점 씨유CU의 선불 상품권을 바로 구매할 수 있다. 가상화폐 거래소에서 원화로 환전할 필요도 없다. 구매 대금의 10%는 캐시백까지 해 준다. 라이트닝Lightning, 이더리움Ethereum, 바이낸스 페이Binance Pay, 유에스디티USDT, 유에스디시USDC, 도지코인Dogecoin, 라이트코인Litecoin, 대시Dash 등 내가 소유한 다른 가상화폐로도 구매할 수 있는 것들이 많다. 이마트, 스타벅스, 세븐일레븐, 맥도날드 등 한국 업체들의 상품권도 이 사이트에서 내 가상화폐로 살 수 있다. 케이티KT의 선불폰 충전까지 가능하다. 비트리필에서는 내 신원이 확인되지 않아도 하루에 최대 15건, 한 달에 1만 달러(약 1,460만 6,000원)어치까지 가상화폐를 통해 구매할 수 있다.

비트코인, 이더리움 등을 기반으로 한 기프트 카드를 세계 1위의 가상화폐 거래소인 바이낸스에서도 판매하고 있다. 개인용뿐 아니라 기업용으로까지 판매하는 이 카드는 일반 기프트 카드와 똑같다. 단 하나의 차이는 충전돼 있는 돈이 법정통화가 아니라 가상화폐라는 것이다.[4] 이 가상화폐 기반의 기프트 카드로는

---

3   https://www.bitrefill.com/checkout
4   https://www.binance.com/en/gift-card

유로^{EURO}화는 물론, 테더 등 스테이블코인도 사고, 타인에게 전송할 수도 있다. 8%의 캐시백도 해 준다. 이 기프트 카드로 결제받은 가맹점은 가상화폐가 아니라 법정통화로 대금을 수취한다. 이는 실시간으로 가상화폐의 시장가격에 따라 법정통화로 변환해 바이낸스가 처리해 준다.

각종 가상화폐로 상품과 서비스 구매가 가능한 선불 기프트 카드가 서서히 각국 규제당국의 주목을 받고 있다. 이 가상화폐 기프트카드는 특히 국경 간 거래에 편리하다. 어느 나라에서든 각 가맹점은 가상화폐를 시세에 따라 법정통화로 즉시 정산받을 수 있다. 그동안 법정통화 대신 가상화폐가 담긴 선불 기프트 카드로의 거래는 각국의 규제당국이 사실상 방조해 온 상태이다. 일각에서는 "선불 기프트 카드가 가상화폐의 공공연한 진출 차로"라며 "거래는 계속되지만, 안 보이는 척하는 야바위"라고 비난하고 있다.[5] 글로벌 소매·이커머스와 식품·다이닝 섹터에서는 기프트카드를 통해 가상화폐를 사용하는 구매가 잦다.

소매·이커머스 섹터에서는 아디다스, 양키캔들, 에이치앤엠 H&M, 엣시^{Etsy} 등 70여 개 기업이 가상화폐를 사용한 결제를 허용하고 있다. 식품·다이닝 섹터에서는 치폴레^{Chipotle}, 도미노^{Domino}, 도어대시^{DoorDash}, 우버이츠^{Uber Eats} 등 70여 개 식품업체가 역시 가

---

5   https://www.ft.com/content/5fdef37a-1f5c-4f22-976f-07d9066583db

상화폐 결제를 수용하고 있다.

사실 선불카드는 비트코인 등 토큰의 발명 이전부터 사용돼 왔다. 이 카드는 금융규제를 받고는 있지만, 이를 통한 구매와 송금은 대부분 추적이 어려운 것이 현실인 '그림자 화폐'의 일종이다. 이를 의식한 듯, 2010년 비트코인의 창시자 사토시 나카모토는 선불카드가 전통 금융으로 가는 '교량'이 될 수 있다고 예측하는 메일을 쓴 바 있다. "가상화폐는 생성하기 쉽고 현금화하기는 어렵지만, 선불 직불카드는 은행을 이용하지 않는 사람들에게 편리한 우회로를 제공할 수 있다"라고 그는 주장했다.

가상화폐의 등장 이후, 각국 금융당국은 선불카드에 대해 규제를 강화했다. 사기 예방과 자금세탁 방지 등을 위해 선불카드 충전의 제한에서부터 차단에 이르기까지 각종 조치가 잇따랐다. 그러나 각국은 업체 선불카드마다 '신원확인 없이 월 1만 달러(약 1,460만 6,000원) 구매를 허용'하는 등 적용에 많은 허점을 보인 것이 사실이다.

독일에 본사를 둔 코인스비^{Coinsbee}는 총 1만 유로(약 1,499만 8,500원)까지는 고객신원확인을 적용하지 않는다. 로컬코인스왑 LocalCoinSwap 같은 전문 피투피 마켓플레이스뿐만 아니라 레딧^{Reddit}의 특정 게시판^{r/giftcardexchange}을 비롯한 판매자들도 거래를 제공한다. 미국 월마트의 상품권으로는 비트코인과 이더리움 등 가상화폐의 구매가 피투피에서 가능하다.

06

글로벌 '크립토 허브'가 되겠다고 영국, 스위스, 아일랜드 등이 구애 중

전 세계에서 가장 큰 가상화폐 시장은 미국이다. 하지만 미국 증권거래위원회가 최근 몇 년간 가상화폐에 대한 규제에 칼날을 세우자, 글로벌 '크립토 허브Crypto Hub' 자리를 노리는 영국, 스위스, 아일랜드 등이 앞다퉈 관련 업계에 러브콜을 보내고 있다.

가장 적극적인 곳은 영국이다. 영국 재무부는 이미 2022년에 "전 세계 가상화폐 산업의 중심축Hub이 되겠다"라고 발표해 글로벌 웹3 기업들에 확실한 메시지를 던졌다. 당시 발표 내용에는 분산원장 기술DLT, Distributed Ledger Technology 기반의 국채 발행, 조폐국의 대체불가능토큰 발행, 스테이블코인의 제도화, 관련 세제 개편 등 종합 계획이 담겼다.[1] 영국 정부는 가상화폐에 대해 세계를 선도하는 제도 마련을 위한 논의를 지속해 나가겠다고 했다.

영국은 향후 탈중앙화 자율조직^{DAO}의 법적 지위에 관한 연구와 함께, 자산운용사들의 가상화폐^{Crypto} 보유에 따른 불이익 조치들도 모두 폐지할 것이라고 밝혔다. 해외 가상화폐 사업자들의 영국 시장 진출을 적극 환영한다는 발표도 이어졌다. 존 글랜^{John Glen} 당시 영국 재무부 금융 서비스 부문 총괄은 "영국은 가상화폐 비즈니스에 열려 있다"라면서 "가상화폐에 엄청난 잠재력이 있는 만큼, (기술 선택에 제약을 없애는) 기술 중립적 접근법을 유지하겠다"라고 약속했다. 이후 영국은 분산원장 기술을 사용하는 기업을 위한 '샌드박스^{Sand Box}(모래상자: 사업자가 신기술을 활용한 새로운 제품과 서비스를 일정 조건하에서 시장에 우선 출시해 시험·검증할 수 있도록 현행 규제의 전부나 일부를 적용하지 않는 규제특례제도)'에 대해 협의를 진행, 첫 대상을 선정하겠다고 밝혔다.[2] 영국의 블록체인 업계는 그동안 런던의 관련 규제가 혁신을 저해하고 있다고 비판해 왔다. 영국 보수당인 토리당의 평의원들은 "(가상화폐에 대한) 당국의 적대적 인식이 영국의 핀테크 경쟁력을 약화한다"라고 우려를 제기하기도 했다. 이를 수용해 영국은 혁신의 장려를 위한 '금융시장 인프라 샌드박스'를 도입하는 한편, 가상화폐 업계와 '가상화폐 참여그룹'을 공동 운영하기로 했다.

영국 정부는 '불법에 악용될 위험'과 '혁신적 솔루션의 잠재력'

1   https://www.ft.com/content/24c9b6de-9cc6-4413-8b6a-e60653a29ce0
2   https://www.ft.com/content/e60ea6b3-a95a-41a8-88fb-2f4e77533cb1

사이에서 균형을 추구하겠다고 밝혔다. 영국은 스테이블코인에 대한 규제 방안도 내놨다. 스테이블코인 발행량만큼 동일 금액의 파운드를 준비금으로 보유해야 할 의무를 부과하겠다는 것이다. 이 보유금에 대한 대출은 불허한다. 영국 금융 규제당국인 금융감독청FCA, Financial Conduct Authority의 감독 아래, 전자화폐 규제법을 적용할 방침이다. 소비자를 호도할 가능성이 있는 가상화폐 광고는 여타 금융 광고와 동일한 규제를 적용했다.

영국의 이 같은 움직임에 대해, 아일랜드와 스위스도 가상화폐 업체 유치 경쟁에 적극 뛰어들고 있다. 아일랜드 중앙은행은 2023년 가상화폐 업체인 리플을 승인했다.[3] 이어, 세계 최대 가상화폐 거래소 중 하나인 크립토닷컴crypto.com에 대해 가상화폐 서비스 제공업체VASP로 승인했다.[4] 스위스는 광역단체 중 한 곳인 추크Zug를 '크립토 밸리crypto valley'의 성지로 내세우고 있다. 우대기업에 대해 법인세를 8.6%까지 낮춰 주는 등의 정책으로 이더리움 재단 등 400여 개의 블록체인 기업을 유치했다. 가상화폐 공개ICO(주로 혁신적인 스타트업이 디지털 토큰 발행을 통해 자금을 조달할 수 있는 방식)를 허용하고, 세계 최초로 가상화폐 전문은행을 제도권 안으로 흡수했다.[5]

---

3 https://www.irishtimes.com/business/2023/12/20/central-bank-authorises-crypto-firm-ripple
4 https://crypto.com/company-news/crypto-com-receives-virtual-asset-service-provider-registration-from-the-central-bank-of-ireland

싱가포르·홍콩·UAE 등 아시아권도
파격적 법인세로 '크립토 허브' 추진

'크립토 허브'는 서구 나라들만 외치는 구호가 아니다. 중동지역에서는 아랍에미리트^{UAE}가 이를 자처하고 나섰다. 아랍에미리트의 두바이는 특히 자유무역지구의 법인세 0%, 소득세 0%, 포괄적인 다자 간 세무 조약을 내세워, 글로벌 웹3 기업들을 빨아들이고 있다. 기존의 금융과 기술 허브로서의 특성을 활용, 탈중앙화 금융의 혁신을 육성하려 한다. 이에 따라 가상화폐와 블록체인 등 관련 비즈니스가 클러스터를 형성하기 시작했다. 두바이는 블록체인 스타트업이 가장 많은 상위 3개 지역 중 하나가 됐다. 글로벌 가상화폐 거래소인 바이낸스, 코인베이스, 크립토닷컴이 모두 이곳으로 이전했다. 브레번 하워드^{Brevan Howard}, 갤럭시 디지털^{Galaxy Digital}, 코마이누^{Komainu} 등 탈중앙화 금융 업체들도 이곳에 모여들었다.[6]

홍콩과 싱가포르는 아시아 금융의 허브에 이어 '크립토의 허브' 자리를 놓고 각축을 벌이고 있다. 홍콩 재무장관 폴 찬^{Paul Chan}은 "일부 가상화폐 거래소가 잇달아 쓰러지면서 홍콩은 디지털

---

5 https://www.coindesk.com/consensus-magazine/2023/06/27/zug-where-ethereum-was-born-and-crypto-goes-to-grow-up

6 https://sponsorcontent.cnn.com/edition/2022/dubai/why-the-crypto-community-is-embracing-dubai/

PART 4 블록체인과 금융의 융합

227

자산 기업들이 질적으로 입지를 다질 수 있는 곳이 됐다"라며 "홍콩은 여전히 지역의 크립토 허브가 될 것이며, 전 세계로부터 새로운 기업들을 유치하기 위해 노력할 것"이라고 기염을 토했다.[7] 홍콩은 특히 정치권이 나서 가상화폐 거래소를 적극 유치하려는 모습이 두드러진다.[8] 친중 의원이자 중국 최고 정치 자문 기구의 위원이기도 한 조니 응Johnny Ng은 2023년 미국 증권거래위원회SEC로부터 제소당한 코인베이스 등에게 홍콩에서 거래소를 설립하도록 초청했다.

미국 증권거래위원회는 코인베이스의 코인 일부를 '미등록 증권'으로 규정하고 이를 매매한 혐의 등을 적용한 바 있다. 홍콩은 앞으로 가상화폐 거래소 라이선스를 10개 업체에 부여할 방침이다.[9] 홍콩은 앞서 2024년 초 비트코인 현물 상장지수펀드ETF를 아시아 최초로 출시하는 한편, 글로벌 거래소인 바이낸스의 전직 최고경영자를 규제당국으로 스카우트했다.[10]

이에 질세라, 싱가포르는 글로벌 코인업체인 리플에 2023년 주요 결제 기관 라이선스MPIL를 부여하는 등 가상화폐 진흥 정책

7   https://thediplomat.com/2023/08/will-hong-kong-become-a-crypto-hub/
8   https://www.wsj.com/articles/hong-kongs-crypto-ambitions-get-a-boost-from-u-s-crackdown-b3183117?mod=article_inline
9   https://www.ft.com/content/41651975-4eca-4d6f-8ca2-d17aaf175a2f
10 https://asia.nikkei.com/Spotlight/Cryptocurrencies/Hong-Kong-crypto-hub-takes-shape-with-approvals-hiring

을 본격화했다. 크립토닷컴, 코인베이스 등의 영업도 허가했다.[11] 리플은 아시아 태평양 지역에 진출하며 싱가포르를 거점으로 삼을 움직임을 보인다. 사업 개발, 컴플라이언스, 재무, 법률, 영업 등을 포함한 주요 사업부를 중심으로 싱가포르 현지 인력을 두 배로 확충해, 가상화폐 토큰 상품과 서비스를 제공하려 한다.[12] 가상화폐 거래소 제미니Gemini도 현지에서 100명 이상의 직원을 고용하고, 아시아 시장 공략에 나서고 있다. 이들 회사 외에도 싱가포르에서는 한국의 업비트, 빗썸을 비롯해 코인베이스, 크립토닷컴, 제네시스Genesis, 팍소스Paxos, 디비에스DBS, 레볼루트Revolut 등 글로벌 20여 개 블록체인 관련 업체들이 비즈니스를 벌이고 있다.[13]

싱가포르의 금융 규제기관인 싱가포르 통화청MAS, Monetary Authority of Singapore은 디지털 자산 생태계를 개발하고 적극적으로 홍보하기를 원한다는 점을 분명히 하고 있다. 싱가포르 통화청의 라비 메논Ravi Menon 본부장(이코노미스트)은 "싱가포르라는 금융허브가 블록체인 기술과 디지털 자산 생태계를 활발히 진흥시키기를 원

11   https://www.wsj.com/livecoverage/stock-market-today-dow-jones-06-01-2023/card/crypto -com-secures-key-trading-license-in-asia-w23xRMUDPku6jyT6tF9D?mod=article_inline
12   https://www.reuters.com/business/finance/crypto-firm-ripple-secures-singapore-payments-licence-2023-10-04
13   https://fintechnews.sg/63023/crypto/here-are-all-the-licensed-crypto-services-providers-in-singapore

한다"라고 밝혔다. 이어, "소유권을 디지털 토큰으로 전환하는 과정인 토큰화의 혁신 가능성도 보았다"라면서 "토큰화를 현금 및 채권과 같은 금융 자산뿐만 아니라 탄소 배출권과 같은 무형 자산에도 적용할 수 있을 것"이라고 언급했다.[14]

14 https://www.wsj.com/articles/singapores-central-bank-slams-crypto-trading-talks-up-digital-asset-opportunities-11661773114

07

CBDC는 사전 프로그래밍이 가능,
스마트 콘트랙트로
달러 체제 우회할 수도

1992년 핀란드 중앙은행The Bank of Finland이 아반트Avant라는 스마트 카드를 출시했다. 아반트는 직불카드나 신용카드와 비슷하게 보였지만, 단 한 가지만이 달랐다. 현금의 속성을 그대로 재현하려 했다는 것이다. 아반트에 충전된 돈은 핀란드 중앙은행이 지급을 보장했다. 바로 이 점에서 아반트는 세계 최초의 중앙은행 디지털화폐CBDC, Central Bank Digital Currency라고 불린다.[1]

이 아반트 카드 소지자들은 핀란드 중앙은행에 계좌를 보유하고 있지는 않았다. 대신 이들이 보유한 카드 잔액은 아반트 카드에 삽입된 칩에 보관됐다. 현금처럼 아반트 카드 이용자들은 익

---

[1] https://www.econstor.eu/bitstream/10419/224448/1/1733131086.pdf

명성이 보장됐다.[2] 아반트는 그러나 3년간 운영되다가 상업은행으로 매각됐고, 그 이후에는 사용이 중단됐다. 아반트는 리워드 포인트가 적립되는 신용카드 등 다른 결제 수단들과 비교했을 때 이용률이 지극히 저조했으며, 결국 수익 창출에 실패했다.[3]

이로부터 30년 뒤, 중앙은행 디지털화폐에 대한 논의가 본격적으로 부활했다. 이유는 ① 현금 사용의 감소, ② 스테이블코인 등 가상화폐의 부상, ③ 메타(옛 페이스북)의 스테이블코인인 리브라Libra 출시 구상 등 각국 중앙은행들은 금융 시스템에 대한 통제권을 잃지 않기 위해 방법을 모색해야 했다.[4] 2024년 하반기에 중앙은행 디지털화폐를 발행했거나 발행을 검토하고 있는 국가는 총 134개국에 달하며, 글로벌 국내총생산GDP의 95% 이상을 차지하고 있다. 나이지리아Nigeria, 바하마Bahamas, 자메이카Jamaica 등 3개국이 이미 발행했고, 한국, 중국, 일본, 사우디아라비아, 러시아 등 36개국이 시범사업을 하고 있다.[5]

중앙은행 디지털화폐의 추진 국가가 늘고 있는데 비례해, 중앙은행 디지털화폐의 목적 자체에 의문을 제기하는 정치인과 중앙은행 관계자들 역시 갈수록 증가하고 있다. 2022년 1월 영국

2   https://cbdctracker.org/currency/finland-avant
3   https://www.suomenpankki.fi/en/money-and-payments/central-bank-digital-currency
4   https://www.edps.europa.eu/system/files/2023-03/23-03-29_techdispatch_cbdc_en.pdf
5   https://www.atlanticcouncil.org/cbdctracker

상원이 발간한 보고서는 "영국에 소매용 중앙은행 디지털화폐가 필요한 이유에 대한 설득력 있는 사례를 아직 듣지 못했다"라고 결론을 내렸다.[6] 2023년 스웨덴 중앙은행도 900쪽 분량의 보고서에서 '이-크로나e-Krona'의 필요성이 크지 않다고 밝혔다.[7] 다른 국가들에서도 은행 및 결제 시스템의 발전된 특성을 감안하면, 중앙은행 디지털화폐의 도입을 추진해야 할 이점이 거의 없다는 주장이 많다. 그러나 이 중앙은행 디지털화폐를 완전히 배제할 필요는 없는 듯하다.

첫째, 한국은행 등 상당수 중앙은행이 준비 중인 '도매용 중앙은행 디지털화폐'는 결제 시스템 내의 경쟁을 촉진할 수 있다. 도매용 중앙은행 디지털화폐는 은행과 핀테크 회사들을 포함한 특정 금융기관, 그리고 다른 나라 중앙은행만 접근할 수 있다는 것이 특징이다. 특히 핀테크 기업들이 은행을 거치지 않고 직접 최종 결제기관인 중앙은행에 접근할 수 있게 해 준다는 것이 눈에 띈다. 반면, 소매용 중앙은행 디지털화폐는 중앙은행이 디지털화폐를 이용자들에게 직접 지급한다.

둘째, 중앙은행 디지털화폐는 서로 다른 통화 간의 신속 결제를 가능케 하는 등 국경 간 결제 시스템을 획기적으로 개선하는 데 기여할 수 있다. 중앙은행 디지털화폐가 언젠가는 주류가 될

---

6   https://publications.parliament.uk/pa/ld5802/ldselect/ldeconaf/131/13103.html
7   https://www.riksbank.se/en-gb/payments—cash/e-krona

수도 있을 것이라는 주장도 가능하다.[8] 중앙은행 디지털화폐가 미칠 영향은 이를 어떻게 설계하느냐에 따라 크게 좌우된다. 중앙은행 디지털화폐는 모두 각국 중앙은행의 부채로 잡힌다. 시중은행과 같은 뱅크런의 위험은 없다. 사전에 허가받은 사람만 사용할 수 있을지에 대한 여부는 나라마다 갈린다.

참여자의 수가 제한돼 상대적으로 속도가 빠른 프라이빗 블록체인을 사용하는 중앙은행 디지털화폐가 있는가 하면, 그렇지 않은 것들도 있다. 바하마, 나이지리아, 중국 등 중앙은행 디지털화폐를 실제 도입했거나 시범 운영 중인 국가들을 보면 몇 가지 공통적인 원칙들이 보인다.[9]

첫째, 중앙은행 디지털화폐를 초기에 도입한 국가들은 대체로 일반 시중은행들에 중앙은행 디지털화폐 중개를 맡기고, 민간의 지갑 서비스 제공업체들과 협업했다. 이로써 복잡한 관리의 부담을 줄였다.

둘째, 가장 일찍 도입된 중앙은행 디지털화폐인 바하마의 '샌드 달러sand dollar(세계 최초의 중앙은행 디지털화폐 프로젝트)'와 나이지리아의 '이-나이라e-naira'는 이용자 한 사람당 보유액에 상한선을 뒀다. 가장 큰 규모의 중앙은행 디지털화폐 시범사업인 중국

---

8   https://www.ecb.europa.eu/press/key/date/2022/html/ecb.sp220926~5f9b85685a.
     en.html
9   https://www.economist.com/special-report/2023/05/15/central-bank-digital-
     currencies-are-talked-about-more-than-coming-to-fruition

의 디지털 위안화도 마찬가지다. 디지털 위안화 '지갑 잔액 최대 한도'는 1만 위안(약 198만 9,800원), 거래당 한도는 2,000위안(약 39만 7,960원), 연간 누적 지불 한도는 5만 위안(약 994만 9,000원)으로 제한돼 있다.

셋째, 현재로서는 도입 국가 모두 중앙은행 디지털화폐에 대한 이자를 지급하지 않고, 거래 수수료도 부과하지 않고 있다. 시중은행들로부터 예금이 대거 이탈, 중앙은행 디지털화폐로 옮겨가는 것을 막기 위해서다. 중앙은행 디지털화폐는 금융계 전반에도 급진적인 영향을 미칠 수 있다. 중앙은행 디지털화폐로 자금이 몰리면 민간 대출기관이 유동성 부족을 맞을 수 있기 때문이다. 정책 입안자들은 이를 막기 위해 보유 한도를 설정하고, 예금에 대한 이자를 없애거나 소액으로 제한하려 한다.

중앙은행 디지털화폐 실험의 실제 진행 현황은? 샌드 달러, 이-나이라, 디지털 위안은 실제 사용률이 아직 미미한 수준에 그치고 있다.

CBDC 도입으로 중국은
달러패권 벗어나 '신의 눈' 갖게 될 것

중앙은행 디지털화폐^{CBDC}에 대해 가장 큰 규모의 시범사업을 실시하는 나라는 중국이다. 디지털 위안화 또는 이–시엔와이 e-CNY로도 불리는 중국 중앙은행 디지털화폐는 중국 중앙은행인 인민은행PBOC이 2단계를 거쳐 개인에게 개별 계좌를 발행해 준다. 우선, 인민은행은 상업은행 및 기타 금융기관에 디지털 위안화를 발행한다. 그다음, 해당 기관이 통화를 대중에게 배포한다. 이러한 접근 방식을 통해 중앙은행은 통화 공급에 대한 통제력을 유지할 수 있다.[10]

디지털 위안화는 현금을 대체하기 위한 것이므로 이자는 발생하지 않으며, 중국의 국내 통화인 위안과 1:1로 페그된다. 베이징 같은 주요 도시의 대중교통 시스템도 디지털 위안화로 이용할 수 있다. 다만, 해외에서는 디지털 위안화를 구매할 수 없다. 홍콩, 마카오 등을 포함한 중국의 29개 시범지역 중 하나에 위치해야 구매가 가능하다. 아이폰이나 안드로이드에서 디지털 위안화를 구매하려고 하면 내 휴대폰의 위치가 중국 시범지역 내에서 확인돼야 한다.[11] 중국 인민은행의 통계에 따르면, 2023년 1월 기준 유통 중인 디지털 위안화 규모는 약 136억 위안(약 2조 7,061억 2,800만 원)에 불과했다. 2022년 초까지 총 2억 6,100만 개의 전자지갑이 생성됐지만, 2020년 10월부터 2022년 8월 사이

10   https://www.forbes.com/sites/digital-assets/2024/05/20/navigating-uncertain-waters-chinas-e-cny-expansion-overseas-and-the-quest-for-global-payment-influence

11   https://www.forbes.com/sites/digital-assets/2024/07/15/a-2024-overview-of-the-e-cny-chinas-digital-yuan

실제 거래량은 1,000억 위안(약 19조 8,980억 원)에 그쳤다. 거래 처리량 규모는 2023년 상반기에 2,500억 달러(약 365조 500억 원)에 불과하여 중국 전체 통화량의 0.16% 수준이었다. 그래도 디지털 위안화가 처음 시작된 후 2년 동안 보고된 140억 달러(약 20조 4,428억 원)에 비하면 눈에 띄는 상승 추세이다.

일각에서는 중앙은행 디지털화폐를 특별하게 만드는 요소에 주목한다. 바로 프로그램화가 가능하다는 점이다. 중국은 시범적으로, 농사 등 미리 지정된 목적으로만 사용할 수 있다는 조건의 스마트 콘트랙트가 포함된 디지털 위안화를 지급했다. 혹자는 이 같은 실험에 대해, 경제 전반을 보다 세밀하고 효율적으로 통제하려는 중국 정부의 꿈을 실현하기 위한 첫걸음으로 보기도 한다.[12]

더 나아가, 중국은 중앙은행 디지털화폐로 국경을 넘나드는 거래에 필요한 자금 이동을 지원할 수 있게 된다. 이로써 중국은 달러 결제 시스템의 우회가 가능해질 수 있다는 것이다.[13] 디지털 위안화가 달러패권까지 거세게 공격할 수 있게 된다는 분석이다.

러시아의 우크라이나 침공 이후, 중국은 미국의 러시아 은행에 대한 스위프트SWFT 추방 등의 제재에 경악했다고 한다. 중국

---

12 https://www.economist.com/special-report/2023/05/15/central-bank-digital-currencies-are-talked-about-more-than-coming-to-fruition
13 https://www.forbes.com/sites/digital-assets/2023/11/15/what-is-a-cbdc

의 타이완 침공 때 미국으로부터 유사한 조치가 예상돼 금융 마비가 불가피할 것으로 예상됐기 때문이다. 하지만 디지털 위안화 결제가 도입되면 중국은 미국의 글로벌 인프라를 우회할 수 있게 돼, 제재에 따른 금융 마비로부터 자신을 방어하는 것이 가능해진다. 여기에 더해 아프리카 등에 대한 디지털 위안화로의 원조는 중국이 승인된 공급망 내에서만 위안화를 교환하도록 강제할 수도 있다. 달러에 목마른 개도국들은 이런저런 제한이 많더라도 디지털 위안화에 호응할 것으로 예상된다. 디지털 위안화로 중국 정부는 '신의 눈'을 갖게 될 것이라는 예측이 설득력을 얻고 있다.[14]

14   https://www.economist.com/finance-and-economics/2022/09/05/the-digital-yuan-offers-china-a-way-to-dodge-the-dollar

PART 5

AI 산업의
금융 융합

인공지능 산업과 금융의 융합은 금융 산업에 파괴적 혁신을 불러일으켰다. 인공지능은 고객 데이터를 분석하고, 투자 포트폴리오를 구성하며, 신용평가와 대출 심사 자동화를 통해 업무 효율성을 높이고 있다. 생성형 인공지능은 금융 산업에서 고객 상담 센터와 정보기술 개발 업무에 활용되며, 데이터 기반 의사결정 지원 체계를 강화한다. 인공지능은 금융 서비스를 머신러닝으로 업그레이드하는 중이다. 인공지능은 이미 월스트리트의 기반 기술이 됐다. 당연히 돈이 몰리고 있다. 2023년 인공지능 관련 투자는 블록체인 투자의 8배나 됐다. 각 금융회사는 자사 맞춤형 금융 인공지능 개발에 몰두하고 있다.

　금융에서 인공지능은 의심 거래 탐지, 결제 확인, 요금 최적화 등에 활용되고 있다. 컴플라이언스와 마케팅은 물론, 펀드매니저 등 투자 전문가에 대한 전문적 지원까지 인공지능이 해 주고 있다. 인공지능은 알고리즘을 통해 비정상적인 금융 거래 패턴을 식별, 사기와 금융 범죄를 예방하고 있다. 머신러닝을 활용해 거래 패턴을 분석하고 비정상적인 활동을 실시간으로 감지해 준다. 이는 금융 사기, 해킹, 자금세탁 등의 문제를 예방할 수 있게 한다.

기존의 신용평가 모델보다 정교한 인공지능 모델은 더 많은 변수를 분석, 개인 또는 기업의 신용도를 평가할 수 있다. 인공지능은 특히 방대한 데이터를 분석해 시장 변화를 예측하고, 개인화된 투자 전략을 제공해 포트폴리오 관리를 최적화하고 있다. 인공지능은 사용자 데이터로 개인의 소비패턴, 자산 상태, 금융 목표를 기반으로 맞춤형 금융 제품을 추천한다. 개인 맞춤형 대출 상품, 신용카드 혜택, 투자 전략 등을 제안할 수 있다. 인공지능 기반의 챗봇과 개인 비서는 24시간 고객 지원을 제공하며, 고객의 행동을 예측해 개인화된 서비스를 제공한다. 업무 자동화를 통해서는 운영 효율성을 높이고 비용을 절감해 준다.

인공지능 산업과 금융의 융합에 따라, 기존의 신용평가 방법으로 접근할 수 없었던 신용 불량자 또는 금융 소외 계층에게 새로운 금융 서비스 제공이 가능해졌다. 휴대폰 사용패턴, 공과금 납부기록, 소셜 미디어 사용 등에 대한 분석을 통해 신용을 평가하고 대출해 줄 수 있게 됐다. 인공지능과 머신러닝 등에 기반한 리스크 관리는 이제 결제 산업의 신성장동력이 됐다.

하지만 인공지능을 이용한 딥페이크 등 부작용도 동시에 커지고 있다. 음성을 통한 본인확인은 이미 무용지물이 돼 버렸다. 각 금융사는 인공지능의 이 같은 부작용에 대해 역시 인공지능 기술 활용으로 대응하고 있다.

01

실물의 '토큰화'가 생성형 AI·웹3·핀테크의 디지털 기반 기술로 진화

생성형 인공지능^{AI} 기술은 '토큰화 프로세스^{Tokenization Process}'에 상당 부분을 의존하고 있다.

오픈에이아이의 챗지피티는 한국어를 포함한 언어의 문장을 토큰으로 분류한다. 예를 들어 한국어의 '놀이터에 놀러 가고 싶어'라는 토큰은 30개의 토큰으로 구성된다. '놀'이라는 글자 하나를 놓고 보면 'ㄴ' 'ㅗ' 'ㄹ'이라는 자음 및 모음 각각을 토큰으로 분류해 총 3개의 토큰을 할당하는 구조다. '놀이터에 놀러 가고 싶어'라는 문장은 10글자이기 때문에, 총 30개(3×10)의 토큰이 사용된 것이다. 반면, 영어로는 한국어보다 토큰 사용량이 4분의 1 안팎으로 줄어든다. 같은 뜻의 영어 문장(I want to go to the play ground)은 31개의 글자와 8개라는 토큰으로 분류한다.[1]

생성형 인공지능에서 토큰화란, 문장을 작은 데이터 단위의 디지털화된 형태(토큰)로 분해해 표시하는 과정이다. 토큰은 인공지능 학습용으로 모아둔 일종의 '말뭉치'다. 단어나 음절, 문자 등이 토큰으로 취급된다. 데이터가 쪼개지면 패턴이 더욱 쉽게 파악된다. 이는 인공지능 모델이 텍스트를 이해하고 처리하는데 필수적인 요소다. 생성형 인공지능에서의 토큰화는 첫째, '민감한 데이터의 보호'와 둘째, '대량 데이터의 효율적 처리'에 사용된다.

인공지능은 컴퓨터가 인간처럼 스스로 외부 데이터를 조합, 분석해 학습하는 딥러닝Deep Learning(컴퓨터가 사람의 뇌처럼 사물이나 데이터를 분류할 수 있도록 하는 기술로, 기계학습의 일종) 기술을 기반으로 한다. 사진, 동영상, 소리 등 데이터로 사람처럼 학습이 가능하다. 문장에서 문자까지, 작은 데이터 단위의 토큰을 활용해 수십억 개의 매개변수를 보유한 인공 신경망으로 구성되는 대형언어모델LLM, Large Language Model로 처리한다. 대형언어모델은 이미 학습된 내용을 기반으로 다음 단어를 예측하는 컴퓨터 알고리즘으로, 질문 답변을 내는 인공지능이다.[2]

---

1   https://www.sedaily.com/NewsView/29THD6H1H8
2   https://www.mckinsey.com/~/media/mckinsey/featured%20insights/
    mckinsey%20explainers/what%20is%20tokenization/what-is-tokenization_
    vf.pdf?shouldIndex=false

생성형 인공지능 기초 지식으로 파운데이션 모델foundation model (광범위한 사용 사례에 적용할 수 있도록, 광범위한 데이터에 대해 훈련된 기계학습 또는 딥러닝 모델)을 알아야 한다. 파운데이션 모델은 다양한 생성형 인공지능의 기반foundation이 된다는 점에서 이같이 불린다. 방대한 비정형unstructured의 데이터들을 학습시킨 딥러닝 모델이다. 일반적이고 상식적인 답변을 넘어서 특정 작업에 대한 예측과 답변을 할 수 있도록 하는 '지도식 미세 조정Supervised fine-tuning' 과정을 거쳐 ① 방대한 양의 비정형 텍스트를 처리하며, ② 문장과 단어 간의 관계를 학습해 텍스트를 생성·요약·추출할 수 있다.[3] 대형언어모델은 입력된 텍스트를 토큰들로 분해, 학습한 뒤 응답을 생성한다. 프롬프트(질문 요청 문구)를 사람이 입력하면, 대형언어모델은 수많은 매개변수를 가동해 적절한 답변을 찾아낸다.

토큰화 프로세스에는 생성형 인공지능 기술뿐 아니라, 웹3와 금융기술의 발전도 각각 기대고 있다. 탈중앙화된 새로운 인터넷인 웹3에서 토큰화는 자산을 접근이 가능한 형태로 만드는 '자산의 디지털화' 프로세스에 사용된다. 웹3의 핵심 혁신은 블록체인을 통한 분산 합의, 즉 중개인이나 중앙기관에 의존할 필요 없이 완전히 낯선 사람들과 구속력 있는 합의에 도달할 수 있는 능

---

3   https://invest.kiwoom.com/inv/resource/202403/UploadFile_20240321102002000609. pdf

력에 있다.[4] 웹3은 소수의 기업이 아닌 다수 참여자가 블록체인을 통해 통제할 수 있게 해 준다. 웹3에서는 ① 부동산, 예술품 등 물리적 자산과 ② 주식, 채권 등 금융 자산에 이어, ③ 지적 재산 등 무형 자산, 신원 데이터 등도 토큰으로 표현할 수 있다.

웹3의 세 가지 유형은 ① 블록체인, ② 스마트 콘트랙트, ③ 디지털 자산이다. 블록체인은 디지털 방식으로 분산, 탈중앙화된 네트워크 원장으로 새로운 데이터가 네트워크에 더해지면 새로운 블록이 체인에 영구적으로 추가된다. 블록체인의 모든 노드는 이 변경 사항을 반영하도록 업데이트된다.

스마트 콘트랙트란, 구매자와 판매자 간에 특정 조건이 충족되면 자동으로 실행되는 프로그램으로, 변경이 불가능한 블록체인 코드다. 디지털 자산은 가상화폐, 스테이블코인, 중앙은행 디지털화폐, 대체불가능토큰, 예술 작품·콘서트 티켓 등을 가리킨다. 토큰화로 금융 서비스 업체는 연중무휴·데이터 가용성 등 이점을 갖게 된다. 특정 조건이 충족될 때만 활성화되는 '임베디드 코드Embedded Code'를 통해 블록체인은 더 빠른 거래 결제와 높은 수준의 자동화를 제공할 수 있다. 연중무휴의 더 빠른 거래는 비용을 절감시킨다. 수작업의 오류를 줄인 자산 프로그래밍 기능으로, 운영 비용은 더욱 내려간다. 소규모 투자자에게 금융 서

4   https://www.ft.com/content/f33aa1fe-7fde-4bf9-b89d-22c6455cf7af

비스를 제공함으로써 접근의 민주화도 실현된다. 토큰에 코딩된 지침에 따른 '스마트 콘트랙트'를 통해 투명성까지 높일 수 있다. 오픈소스이므로 기존 서비스보다 더 저렴하고 빠른 인프라를 제공한다.

한편, 핀테크에서의 토큰화는 결제에 파괴적 혁신을 일으키고 있다. 토큰화는 사이버 보안과 난독화obfuscate에도 활용된다. 난독화란, 소프트웨어의 소스코드 또는 머신코드를 사람 또는 분석 도구가 분석하기 힘들게 만드는 프로세스이다. 토큰화를 사용하면 오리지널 데이터 대신 임시코드를 활용하게 돼, 민감한 데이터를 보호할 수 있다.

생성형 AI가 금융과 법률 서비스 일자리를 머신러닝으로 바꾸는 중

생성형 인공지능의 발전에 따른 노출이 가장 적은 직업은? 바로 발레의 무용수다. 이는 2023년 투자은행 에버코어Evercore와 벤처 인큐베이터 비저너리 퓨처Visonary Future의 연구 결과이다.[5] 이 연구는 생성형 인공지능이 초래할 노동의 변화를 조사했는데,

5   https://visionaryfuture.com/advisors/practice-areas

인공지능의 영향에 가장 노출이 많은 직업은 법률, 컴퓨터와 수학, 비즈니스와 재무 운영 등으로 나타났다. 인공지능에 약 45% 노출됐다. 운송, 자재 이동 및 건물, 부지 청소와 유지 관리와 같은 직업은 노출이 20% 미만으로, 모든 직업은 약 32% 노출되는 것으로 나타났다.[6] 미국 내 1억 6,000만 개의 일자리를 분석한 이 연구는 법률과 금융 같은 서비스 부문이 인공지능으로 인한 혼란에 '매우 취약하다'라고 밝혔다.

생성형 인공지능의 등장은 금융 분야 교육에 새로운 도전과 기회를 동시에 제시하고 있다. 분석 결과, 인지 능력(정보 정리와 암기 등)은 인공지능의 노출이 더 높았다. 이 분야에서 인공지능은 인간만큼이거나 인간보다 더 작업을 잘 수행할 수 있었다. 반면, 창의성 또는 강점 기반 능력(독창성, 구두 표현 또는 폭발력 등)은 인공지능으로의 노출이 낮거나 전혀 없었다. 직업에 필요한 사회적 상호작용과 공감이 많을수록 인공지능에 대한 노출은 적었다.

직업에서 특히 육체노동이 많을수록 인공지능에 대한 노출은 적었다. 극단적인 예로, 발레 무용수는 인공지능에 대한 노출이 가장 낮았다. 인공지능이 무엇에 능숙하고 무엇에 그렇지 않은지 이해함으로써, 어떤 산업과 그 산업 내에서 무슨 직업이 인공

---

6   https://www.evercore.com/wp-content/uploads/2023/12/GenAI_White-Labeled_AI-disclaimer_1110675-1-.pdf

지능의 발전에 취약한지를 계산할 수 있다.

하지만 이 연구는 "인공지능이 일자리를 완전히 대체할 가능성은 낮다"라고 결론 내렸다. 특히 고부가가치 직종에 종사하는 사람들의 생산성은 인공지능이 올릴 수 있을 것으로 예상한다. 에버코어의 조사 결과에 따르면 미국 내 모든 직업이 어느 정도 인공지능에 노출돼 있다. 특히, 연봉이 10만 달러(약 1억 4,600만 원)를 넘는 역할은 인공지능 강화의 영향을 받을 수 있고, 또 인공지능 강화의 혜택을 더 많이 볼 수 있다. 예를 들어 숙련된 소프트웨어 엔지니어는 인공지능 시스템을 사용해 코드 개발의 상당 부분을 자동화할 수 있게 된다.[7] 재무 및 시장 분석 역할은 생성형 인공지능을 구현해 생산성을 개선하는 데 가장 적합한 분야 중 하나다. 이보다 낮은 연봉을 받는 재학생과 졸업생에게는 이러한 변화에 적응하고 미래에 수요가 증가할 기술을 파악하는 것이 과제가 될 것으로 본다.

생성형 인공지능은 특정 작업을 자동화하며, 재무와 회계 분야로 빠르게 통합되고 있다. 특히 세무 분야는 판도를 바꿀 것으로 예상된다. 세무조사와 기술 분석을 위한 인공지능은 타자기에서 워드 프로세서로 전환하는 것과 비슷한 수준의 효율성 향상을 가져온다는 것이다. 인공지능으로의 세무 처리는 95% 이상

---

7   https://hbr.org/2023/10/is-your-job-ai-resilient

의 정확도로 몇 분 안에 질의응답까지 제공받을 수 있다. 인공지능 재무회계는 수작업 데이터 입력의 상당 부분을 자동화해 사람들의 시간을 절약할 수 있게 해 준다. 동시에 사람들이 더 부가가치가 높고 흥미로운 업무에 집중할 수 있도록 환경을 만들어 준다. 주니어 직원들이 경력 초기에 더 복잡하고 안목 있는 업무에 종사할 수 있게 된다.

세계경제포럼WEF의 〈2023년 인공지능 영향력 보고서〉는 2027년까지 늘어날 것으로 보이는 직업 1위로 농기계 기사를 꼽았다. 식량 안보와 기후 문제로 농업에 대한 중요성은 커지는데, 인공지능이 소규모 농장의 작업을 대체할 수 없기 때문이다.[8] 세계경제포럼은 농기계 기사에 이어, 대형 트럭 운전사, 직업 교육 교사, 기계 수리공 순으로 성장 직업을 예상했다. 직업 교사에 대해 세계경제포럼은 "개발도상국 중심으로 나타날 추가 일자리 창출 수요를 반영한 것"이라고 했다. 이 외에 건물 구조물 노동자, 전기 엔지니어 등이 높은 수요를 나타낼 것으로 봤다.

이러한 변화에 대응해 금융교육 프로그램은 인공지능에 훨씬 더 중점을 두도록 변화하고 있다.[9] 명문 경영대학원인 파리고등상업학교HEC Paris는 학생들에게 금융 데이터 분석에 생성형 인공지능을 사용하도록 교육하고 있다. 의사결정에도 생성형 인공지

---

8   https://www.weforum.org/agenda/2023/05/jobs-ai-cant-replace
9   https://www.ft.com/content/c35ce925-d7b3-4920-a431-c4ca1aa33503

능을 사용하게 하는데, 차세대 인공지능이 스프레드시트를 대체할 가능성에 대비하기 위해서다.

영국 케임브리지Cambridge 경영대학원은 모든 학생에게 머신러닝의 기본 개념을 가르치고 있다. 트레이딩과 자산 관리, 회계, 감사 분야에서 머신러닝의 실제 적용을 다루게 한다. 프랑스 에섹Essec 비즈니스스쿨은 금융학과 졸업생들이 특히 브이비에이VBA, Visual Basic for Applications, 자바Java, 알R, 파이썬Python 등 프로그래밍 기술을 강화해야 한다고 강조한다. 이들 언어에 숙달하면 졸업생들은 재무 분석을 간소화하고, 일상적 작업을 자동화하며, 새로운 금융 솔루션을 개발할 수 있기 때문이다. 학생들은 교과 과정, 업계 자격증, 온라인 학습 플랫폼을 통해 이러한 기술을 습득할 수 있다. 에섹은 "디지털화를 통해 효율성을 높이려는 은행에서 흥미로운 직업 기회가 있을 것"이라며, 머신러닝으로 금융 데이터를 분석하고 시장 동향을 예측하며 프로세스를 자동화할 수 있는 알고리즘 트레이더와 인공지능 금융 분석가 같은 직업을 예로 제시했다.

02

AI가 블록체인 제치고,
월스트리트의
기반 기술 되나

가상화폐 업계를 휘몰아친 소용돌이에 금융계는 토큰화와 분산원장을 다시 생각하고 있다. 글로벌 은행 등 전통 금융권의 시선이 '은행업의 신새벽'이라고 환호하던 블록체인에서 조금씩 이동하고 있다. 그들의 눈길은 인공지능 쪽으로 향하는 중이다.

2021년부터 가상화폐 시장에는 돈이 넘쳐났다. 가상화폐에 대한 유명 인사들의 지지가 반복됐고, 가상화폐 거래소 등 관련 업계로부터의 스폰서십 등은 줄을 이었다. 2022년 2월 에프티엑스 FTX, 코인베이스, 크립토닷컴, 이토로eToro 등 4곳의 가상화폐 거래소들은 전 세계에서 가장 비싼 미식축구 슈퍼볼의 광고 시간을 잡아채기 위해 수백만 달러씩을 쏟아부었다. 당시 코인베이스는 15달러(약 2만 1,900원) 상당의 비트코인을 무료로 나눠 주고,

300만 달러(약 43억 8,090만 원)를 경품으로 내거는 이벤트를 벌이기까지 했다. 그러나 이 해의 가상화폐 시장은 에프티엑스 파산을 시작으로 큰 위기를 맞았다. 당시 셀시우스Celsius와 스리애로즈캐피털Three Arrows Capital 등 가상화폐 업계의 거물 회사들이 잇달아 문을 닫는 등 업계 전체가 휘청였다.

2023년 들어서는 미국 규제당국과 가상화폐 업계 간의 갈등이 더욱 커졌다. 미국 상품선물거래위원회CFTC, Commodity Futures Trading Committee에 이어 미국 증권거래위원회가 가상화폐 거래소인 바이낸스, 코인베이스에 거래 위반 혐의로 조사를 벌여 과징금을 부과하고 나선 것이다. 잇따른 강력 규제는 가상화폐 시장의 계속된 혼란에 따른 조치로 풀이됐다. 이는 전통 금융사업자들에게 블록체인 기술의 근원적 매력을 훼손시키는 결과를 가져왔다. 2021년과 2022년 각각 300억 달러(약 43조 8,090억 원)씩 투자를 받던 가상화폐 업계는 투자금이 3분의 1로 쪼그라들었다. 2023년에는 100억 달러(약 14조 6,030억 원)가량을 모은 데 그친 것이다. 투자자들은 "블록체인이 아직 수익성 있는 자산인가"라고 신중한 모습으로 돌아섰다.

투자자들의 태도가 변화된 데는 2022년 벌어진 세계적 블록체인 실험의 연쇄 실패에 따른 영향도 크다. 글로벌 기업의 신규 블록체인 적용 사례use case에 대한 개발 수요는 이젠 업계에서 망상이 돼 가고 있다는 목소리까지 나온다. 호주 증권거래소는 블록체인 기반의 청산·결제 플랫폼화를 포기했다. 호주 증권거래소는 당초 분산원장 기술 기반의 플랫폼 디지털 증권거래소를 7년 동안 추진해 왔다. 머스크Maersk는 아이비엠IBM과 공동으로 추진하던 해운업계 공급망의 블록체인 솔루션 개발을 중단했다. 양사는 2018년부터 5년간 블록체인 기반의 글로벌 무역 플랫폼인 '트레이드렌스TradeLens' 사업을 진행해 왔다.[1]

블록체인 지지자들은 이제 기존 자산을 디지털화해 블록체인에 올리는 '토큰화'에 기대를 걸고 있다. 토큰화는 기존 금융권도 수용하는 모습이다. 블랙록의 최고경영자인 래리 핑크는 이런 디지털화를 '차세대 시장'이라고 주장하는데, 토큰에 대해 프로토콜을 통해 거래할 수 있는 디지털 자산이라고 생각한다.[2] 2023년 런던증권거래소는 증권의 발행부터 결제까지의 '단 대 단End 2 End' 블록체인 솔루션을 작업 중이라고 발표했다.[3] 이렇게 되면 전통 금융 자산의 더 효율적인 구매·판매·보유가 가능해진다.

하지만 기존 금융권은 블록체인보다 '인공지능의 발전'에 더 많은 관심을 돌리고 있다. 인공지능 기술은 실시간 데이터를 기

---

1   https://www.maersk.com/news/articles/2022/11/29/maersk-and-ibm-to-discontinue-tradelens
2   https://www.forbes.com/sites/davidbirch/2023/03/01/larry-fink-says-tokens-are-the-next-generation-for-markets
3   https://www.reuters.com/technology/lse-group-draws-up-plans-blockchain-based-digital-assets-business-ft-2023-09-04

반으로 필요한 어떤 상호 작용도 식별해 낸다. 상담원에게는 스트레스 등을 감안해 콜 배정의 우선순위를 조정해 준다. 기본적인 내용은 챗봇으로의 경로 지정도 가능하다. 소비자에게는 실시간 데이터를 활용해 인사이트는 물론 감정이입까지 할 수 있다. 인공지능은 이미 은행, 지급 결제와 보험 전반으로 점차 뿌리내리고 있다. 우리가 모르는 새 알고리즘은 매일 돈에 대한 결정에 관여하고 있다. 알고리즘은 이미 지불잔액을 확인하고, 의심스러운 거래를 감지하고, 보험 가격을 최적화하는 데 쓰이는 중이다. 인공지능은 이와 함께 금융상품을 마케팅하고, 고객 서비스를 개선하는 데 사용되고 있다. 인공지능 챗봇은 점점 더 많은 고객과 대화하고 있다.[4]

인공지능은 데이터 분석과 처리를 도와주고, 금융상품 인수, 사기 탐지와 거래 전략 등에 대한 의사결정을 지원한다. 가장 중요한 사용 사례는 의심스러운 행동 패턴을 발견하고, 금융 범죄의 증거를 찾기 위해 지불 및 거래를 확인하는 것이다. 은행은 인공지능과 거래 및 승인을 처리할 때 수집한 데이터를 사용해 사기를 예측한다. 최근 몇 년 동안 적발된 사기의 대부분은 잡음 속에서 신호를 찾는 고급 알고리즘이 없었다면 찾아내지 못했을 것들이다.

4   https://www.ft.com/content/15ae2b65-7722-4870-8741-b0ddcd54a534

인공지능이 데이터를 처리하고, 패턴을 발견하고, 결정을 내리는 능력은 보험에서 특히 유용하다. 청구를 더욱 잘 평가하고, 가격을 최적화하고, 보장을 개인화하는 데 사용되고 있다.

이 같은 인공지능의 활용 강화가 블록체인 시스템의 광범위한 수요를 키울 수 있다. 미국을 위시한 글로벌 금리가 2024년 하반기부터 내려가, 블록체인 산업은 성장할 것으로 전망된다. 탈중앙화된 분산원장이 금융권에 도입되면 은행의 보안은 강화된다.[5] 미래의 금융에서 블록체인과 인공지능은 경쟁적이기보다 상호 보완적으로 발전해 나갈 것으로 예상된다. 각각의 기술이 금융의 투명성과 보안성을 높이고, 비용을 절감하며, 더 개인화되고 효율적인 금융 서비스를 제공하게 될 것이다.

블록체인과 인공지능 기술이 결합하면, 금융 산업은 더욱 혁신적이고 포용적인 방향으로 발전할 것으로 기대된다. 인공지능이 블록체인 거래 데이터를 분석해 더욱 정교한 투자 전략을 세우고, 블록체인은 인공지능 모델의 투명성과 신뢰성을 높이게 될 전망이다.

---

[5]   https://www.ft.com/content/7d1a9ecf-e5bf-42ce-b923-4839f3f53bc5

2023년 AI 투자는 블록체인 투자의 8배…
기업별 맞춤형 금융 AI 개발 중

가상화폐 업계가 투자를 2023년 내내 100억 달러(약 14조 6,030억 원)가량 받는 데 그쳤다. 반면, 인공지능 분야는 같은 해 상반기에만 무려 400억 달러(약 58조 4,120억 원)의 펀딩을 받아냈다. 연간으로 비교해 보면, 인공지능 분야가 블록체인 업계보다 8배나 많은 돈을 투자로 쓸어간 셈이다. 벤처 투자자들은 2023년 전체 벤처투자 자금의 4분의 1에 해당하는 이 돈을 인공지능 기업들에 올인했다.[6]

인공지능의 미래를 지배하기 위한 경쟁에서 마이크로소프트의 지원을 받는 스타트업인 오픈에이아이는 2022년 11월 챗지피티를 출시해 일찌감치 선두를 차지했다. 이 앱은 그 어떤 앱보다 빠르게 1억 명의 사용자를 모았다. 오픈에이아이는 더 이상 챗지피티만을 위한 것이 아니다. 점점 더 비투비B2B 플랫폼이 돼 가고 있다. 이 회사는 대기업 고객들을 위한 맞춤형 제품을 개발 중이다. 고객 중에는 투자은행인 모건 스탠리도 포함돼 있다.

뒤늦게 라이벌들도 잇달아 뛰어들었다. 구글과 그 모기업인 알파벳은 경쟁 챗봇인 바드Bard(구글이 개발한 인공지능형 대화 모

---

6   https://www.economist.com/business/2023/09/18/could-openai-be-the-next-tech-giant

델)를 서둘러 출시했다. 앤트로픽^{Anthropic}도 차세대 인공지능모델인 클로드^{Claude}를 내놓는 등 스타트업들 역시 서두르기는 마찬가지였다. 메타는 2024년 7월 최신 오픈소스의 대규모 언어모델을 발표하면서, 자사의 가장 강력한 버전인 라마^{Llama} 3.1이 "지피티 포 오^{GPT-4o}와 클로드 3.5 소넷^{Sonnet} 같은 '최고의 비공개 소스 모델에 필적하는 최첨단 기능'을 갖췄다"라고 주장했다. 프랑스의 인공지능 스타트업인 미스트랄^{Mistral}은 최신 대규모 언어모델인 미스트랄 라지 2^{Large 2}를 발표했다.[7]

---

7   https://www.economist.com/science-and-technology/2024/07/31/gpt-claude-llama-how-to-tell-which-ai-model-is-best

03

금융에서 AI는 결제 확인, 의심 거래 탐지, 요금 최적화에 활용

주지하듯이, 챗지피티는 출시 이후 최단시간에 사용자 1억 명을 돌파한 서비스다. 2022년 11월에 이 서비스를 시작한 뒤 단 두 달 만에 이룬 성과다. 2023년 상반기에만 인공지능 기업들에 유입된 벤처 자금이 400억 달러(약 58조 4,120억 원) 이상이다. 인공지능에서 다음의 세 가지 요소가 ① 최종 모습, ② 우위 유지, ③ 다른 플레이어에 대한 우세 등을 결정할 것이라고 분석되고 있다.[1]

---

1   https://www.economist.com/leaders/2023/09/21/chatgpt-mania-may-be-cooling-but-a-serious-new-industry-is-taking-shape

첫째, 컴퓨팅 파워

막대한 비용이 소요되기 때문에 더욱 효율적인 모델 구축이 필요하다. 높은 컴퓨팅 파워 때문에 챗지피티보다도 훨씬 작은 모델과 오픈소스의 확산이 촉진되고 있다. 훨씬 작은 모델은 '특정한 데이터'를 학습해 '특정한 작업'을 수행한다. 예를 들어, 스타트업인 리플릿Replit은 컴퓨터 코드로 모델을 학습시켜 개발자들이 프로그램을 작성하는 데 도움을 주고 있다.[2] 오픈소스 모델은 또한 사람과 기업이 생성형 인공지능의 세계로 더 쉽게 뛰어들 수 있게 해준다. 오픈에이아이는 더 강력한 모델을 훈련하고 실행하는 데 드는 비용이 막대하다. 구글의 제미나이[3] 같은 라이벌이 자금력을 기반으로 오픈에이아이를 따라잡을 기회가 만들어질 수 있다.

둘째, 데이터 확보

인공지능 훈련을 위해 반드시 필요한 것이 바로 데이터다. 이를 위해 인공지능 개발사들은 뉴스 회사들은 물론 사진 에이전시들과 게걸스레 계약 경쟁을 벌이고 있다. 오픈에이아이와 구글 같은 대형 업체들은 1조 단어 이상을 학습할 정도인데, 이는 영어 위키백과 250개 이상에 해당하는 방대한 양이다. 인터넷은

2   https://replit.com
3   https://gemini.google.com

이제 거의 고갈돼, 알고리즘을 사용한 '합성 데이터^{Synthetic Data}' 확보를 위한 경쟁이 치열하다. 합성 데이터는 실제 데이터와 유사한 특성을 갖도록 재현한 가상의 데이터다.

미국 비영리 인공지능 리서치 기관인 에포크 에이아이^{Epoch AI}는 2024년 6월 발표한 자료에서 "사람이 생성한 공개 텍스트의 재고는 약 300조 토큰으로 추정된다"라면서 "언어모델은 (데이터 학습이 생성보다 훨씬 빠르기에) 2026년에서 2032년 사이에 또는 집중적으로 과도하게 학습할 경우에는 그보다 더 이른 시기에 이 재고를 완전히 소진하게 될 것"이라고 진단했다.[4] 많은 모델 제작자는 뉴스 그리고 사진 에이전시와 계약을 체결하고 있다. 동영상 같은 새로운 형태의 데이터로 작업하려 하는 곳도 있는데, 경쟁자를 이기는 모델이 이에 대한 보상이다.

셋째, 돈

인공지능 개발사들은 챗지피티를 대중용이 아닌 사용료를 받는 비즈니스로 전환하려 노력하고 있다. 오픈에이아이는 마이크로소프트와의 라이선스 계약에 이어, 모건 스탠리와 세일즈포스^{Salesforce}를 포함한 대기업에 맞춤형 제품개발을 하고 있다. 아부다비^{Abu Dhabi}는 오픈소스 인공지능 모델인 팔콘^{Falcon}의 애플리케

---

[4] https://epochai.org/blog/will-we-run-out-of-data-limits-of-llm-scaling-based-on-human-generated-data

이션 상용화를 지원하기 위한 회사를 설립할 계획이다.

그러나 이 세 가지 방법 이외에도 인공지능의 승자가 되기 위한 또 다른 방식이 있다. 소프트웨어 개발자들에게 어필해 네트워크 효과(어떤 상품에 대해 형성된 수요가 다른 사람들의 수요에 영향을 미치는 현상)를 창출할 수 있도록 하는 것이다. 이들 프로그래머에 자사 제품의 개발 도구를 제공해 커뮤니티에 대한 충성도를 높일 수 있다. 네트워크 효과는 테크 업계의 중요 가치 가운데 하나이다. 메타는 오픈소스 언어모델인 라마LLaMA가 프로그래머들의 충성도 높은 커뮤니티를 만드는 데 도움이 되기를 희망한다. 오픈에이아이는 개발자가 자사 모델을 사용해 제품을 개발할 수 있도록 돕는 도구를 제공하고 있다.

AI, 머신러닝 등에 기반한 '리스크 관리'가 결제 산업 성장의 미래

방대한 양의 빅데이터를 실시간으로 처리할 수 있게 되면서, 금융 산업은 더욱 정교하고 정확한 리스크 관리를 할 수 있게 됐다. 과거에는 지나간 데이터에 기반한 리스크 관리가 이루어졌다. 이제는 즉각 데이터를 소셜 미디어까지 동원해 수집·분석, 신속하게 리스크를 감지하고 대응할 수 있다. 거래 데이터는 실시간으로 모니터해 이상 거래를 자동으로 탐지하고 사기 방지를 강화할 수 있다.

리스크 관리는 금융 산업의 컴플라이언스(법률, 규제, 내부 정책, 기준 및 규칙 준수)에도 매우 중요하다. 리스크 관리가 역할을 확장해 특히 지급 결제^{payment}의 신성장 동력이자 엔진이 될 수 있다.[5]

각 결제회사들은 제각각 내부적으로 독립형 기술들을 사용하고 있다. 업계 내의 상호 운용성이 부족한 것이 현실이다. 이에 대해 컨설팅 회사인 맥킨지^{Mckinsey}는 결제의 선도업체들이 나서서 각 회사 내부의 온라인 상호작용을 인공지능 챗봇 등 기술을 활용한 대화방식으로 교체해 스크립트화(소프트웨어에 실행시키는 처리 절차를 문자로 기술한 것) 하는 등 리스크 전략을 주도적 수립해야 한다고 제시한다. 생체인식 등 인증 방법도 사전 조치할 필요가 있다. 제삼자(서드파티) 서비스 도입의 적극 검토 등이 함께 요구된다. 신용평가 모델에는 인공지능과 머신러닝^{ML}이 결합한 대체 데이터가 필요하다. 결제 산업은 리스크 관리로 다음의 네 가지 경쟁우위를 이룰 수 있다.

---

5   https://www.mckinsey.com/capabilities/risk-and-resilience/our-insights/the-future-of-the-payments-industry-how-managing-risk-can-drive-growth?stcr=632E7284D12F4A23B17E04C7E7B85B7A&cid=other-eml-dre-mip-mck&hlkid=6e6ab52a6c11485a948abfcffa7461aa&hctky=12726544&hdpid=ff1c5bbc-017c-486f-bfab-c049b1605041

첫째, 리스크 프로세스의 강화를 통한 수익 보호와 컴플라이언스 달성

미국의 경우 법무부DOJ와 연방거래위원회FTC, Federal Trade Commission 등 양대 공정거래 규제기관이 2022년부터 3년간 10여 개 결제회사에 부과한 벌금이 무려 2억 달러(약 2,921억 원)가 넘는다. 미국 소비자금융보호국CFPB, Consumer Financial Protection Bureau도 대형 업체들의 소비자 현혹 등에 연 1억 달러(약 1,460억 5,000만 원)를 부과하고 있다. 결제 업체들은 리스크의 선제적 관리로 이같이 막대한 '잠재적 부채'를 줄여 나갈 수 있다.

둘째, 소비자 기대에 부응한 고객 경험 향상과 사기로부터의 보호

성공적인 결제 기업들은 생체인식 등 여러 인증 방법을 사용하고 있다. 이 같은 사전 조치로 신뢰를 높이고, 고객 경험을 개선해 열린 커뮤니케이션을 해야 한다.

셋째, 장애 방지를 위한 운영 탄력성 구축 등을 통한 비용 예방

일단 발생한 운영 장애 가운데 60% 이상은 최소 100만 달러(약 14억 6,080만 원)의 손실을 초래한다. 제삼자의 서비스를 적극 검토하는 등 위험 관리에 대한 재설계가 필요하다.

넷째, 뉴노멀 대응을 위한 신용 및 추심 프로세스 개선

결제업계에서는 팬데믹 이후의 연체율 급변 등 거시환경의 변화로 새로운 신용 모델의 모색이 필요하게 됐다. 선도기업들은 신용 모델에 인공지능과 머신러닝이 결합한 대체 데이터들을 실험하고 있다.

  핀테크 신기술을 활용한 이들 네 가지 경쟁우위를 바탕으로 결제 업체들은 리스크 역량을 '가치 창출'과 '차별화'의 동력으로 삼아 성장의 지렛대로 활용할 수 있다. 리스크는 이제 더 나은 서비스 제공을 위한 상품으로 간주해야 한다. 리스크 관리 기능을 서비스로 상용화해 사기 손실을 방지할 수 있다. 서비스로서의 리스크$^{RaaS, Risk as a Service}$는 100억 달러(약 14조 6,080억 원) 규모의 시장으로 매년 12~14%씩 성장하고 있다고 한다. 서드파티 주도의 시장에서 결제 업체들은 사기 방지 서비스 등의 제공이 가능하다. 선도업체들이 나서 인공지능 챗봇과 머신러닝 신용평가의 도입, 생체인식 등 인증을 강화하면 리스크는 새로운 성장 동력으로 확장될 수 있다.

04

금융의 AI 활용은 컴플라이언스와 마케팅에서부터 투자 전문가 지원까지

글로벌 투자은행인 제이피 모건에서의 2024년 풍경 중 하나. 이 회사의 사내용 생성형 인공지능이 실적이 좋은 주식을 서둘러 팔려고 하는 자산운용 매니저에게 "지금은 너무 이른 것 아니냐"라고 경고하고 있다. 인공지능은 이 회사 직원들이 내린 결정이 편견 때문이라고 판단할 때마다 당사자에게 이를 알려준다. 이 인공지능은 1980년대부터 40년간의 제이피 모건 데이터를 기반으로 하는 3조 2,000억 달러(약 4,674조 5,600억 원) 규모의 운용사 포트폴리오를 관리하는 플랫폼이다.

'머니볼Moneyball'이라 불리는 이 프로그램은 그동안 주어졌던 비슷한 상황에서 자산운용 매니저들과 시장이 어떻게 움직였는지를 임직원들에게 보여준다. 이들의 편견을 수정하고, 프로세스를 개선하는 데 도움을 주려는 것이 목적이다.[1] 제이피 모건의 펀드매니저들은 ① 애널리스트의 리서치를 보완하고, ② 금융 소송 관련 대상을 파악하며, ③ 투자자에게 설명하는 데도 인공지능을 활용하고 있다. 이 회사는 2024년 170억 달러(약 24조 8,336억 원)를 기술 개발에 투자하는 등 핀테크 분야에서 월가를 선도하는 '은행 업계의 엔비디아Nvidia'라고 평가받는다.

미국 월스트리트에서는 인공지능의 활용이 한창이다. 업무 효율화뿐 아니라, 고객과 회사의 자산 관리에 이어 자산운용 등에서도 인공지능은 위력을 발휘하고 있다. 모건 스탠리 최고경영자인 테드 픽Ted Pick은 2024년 6월 컨퍼런스콜에서 "인공지능은 정말 획기적인 변화다. 이를 활용하면 재무 상담사들이 일주일 동안에 일하는 시간을 10~15시간 줄일 수 있다"라면서 "고객과의 회의를 메모하고, 데이터베이스에 입력하는 도구도 은행의 생산성을 높이는 데 효과적이다. 오픈에이아이와 함께 개발한 인공지능 챗봇은 부유한 고객과 논의할 주제를 미세 조정하고, 고객의 필요에 맞게 투자 상품을 맞춤화하는 데 도움이 될 수 있다"라고 강조했다.[2] 제이피 모건과 모건 스탠리뿐 아니라, 골드만삭스, 시티그룹 등 글로벌 금융사들은 인공지능의 활용에

1   https://fortune.com/2024/06/02/jpmorgan-generative-artificial-intelligence-moneyball-ai-tool-investment-decisions-jamie-dimon
2   https://www.reuters.com/technology/morgan-stanley-ceo-says-ai-could-save-financial-advisers-10-15-hours-week-2024-06-10/

진심이다. 인공지능을 활용한 고객 맞춤형 자산 관리 서비스를 이미 앞다퉈 도입해 왔다. 세계 2위 자산운용사인 뱅가드Vanguard 에서는 인공지능 로보어드바이저가 고객 자산 3,331억 달러(약 486조 6,924억 1,000만 원)를 운용하고 있다. 캐피털원Captial One과 로열뱅크오브캐나다Royal Bank of Canada 등 은행도 내부 인공지능 기술 개발에 매진하고 있다.

금융 부문에서 인공지능 활용은 컴플라이언스나 마케팅 같은 일상적인 업무에서부터 시작됐다. 이것이 최근에는 의사결정을 지원하는 역할로 진화하고 있다. 금융 투자 상품의 선택을 안내하기 위해 생성형 인공지능을 사용하는 자산운용사는 갈수록 늘고 있다. 자산운용사는 투자 결정을 안내하고, 포트폴리오 관리자의 성향을 추적하고, 수익 창출 기회를 파악하기 위해 인공지능을 사용하고 있다. 자산운용 업계의 인공지능 전쟁은 투자 전문가들이 더 현명한 결정을 내릴 수 있도록 하는 방향으로 전환되고 있다. 최근에는 투자은행들의 인수합병M&A에도 인공지능이 쓰인다.

보야 인베스트먼트 매니지먼트Voya Investment Management3는 3,310억 달러(약 483조 6,241억 원) 규모의 자산에 대한 잠재적 위험을 모니터할 수 있는 가상 애널리스트를 이미 도입했다. 이 가상 애널

---

3   https://investments.voya.com

리스트는 한 화면에서 다양한 정보를 관리하는 대시보드를 통해 인간 애널리스트의 분석이 문제가 있을 때 위험 신호 같은 인공지능의 피드백을 해 준다. 이 과정은 마치 조종사가 비행기의 비행 관리 시스템으로부터 도움을 받는 것과 흡사하다. 비행 관리 시스템은 조종사의 의사결정을 보조하지만, 최종 결정권은 조종사에게 있다. 이 회사는 고객에게 더욱 개인화된 투자 조언을 제공하는 등 차별화할 수 있는 분야로 자체 인공지능을 발전시킬 계획이다.[4]

금융 소송에 특화된 10억 달러 규모의 헤지펀드 리걸리스트 Legalist[5]는 '트러플 스니퍼Truffle Sniffer(송로버섯 냄새 탐지기)'라는 독점적 인공지능 검색 도구를 사용해, 수많은 민사 소송 중에서 투자 대상을 물색한다. 이 '스니퍼'는 법원 기록을 스캔해 우호적 판사, 소송 집단, 재판 전 판결 등 유리한 결과의 징후를 찾아낸다. 이어, 승소할 것이 확실하지만 아직 돈을 받지 못한 사건을 추려낸다.[6]

엘지LG와 소프트뱅크의 지원을 받는 '큐래프트 테크놀로지스 Qraft Technologies[7]'의 인공지능 기반 엘큐에이아이 이티에프LQAI ETF처

4   https://www.wsj.com/articles/voya-financials-technology-gets-an-overhaul-to-ready-it-for-ai-8f35d167
5   https://www.legalist.com
6   https://news.bloomberglaw.com/business-and-practice/lawsuit-investors-use-ai-to-mine-cases-for-promising-returns
7   https://www.qraftec.com

럼 인공지능이 많은 발언권을 가진 경우도 있다.[8] 인공지능 주식 선별 도구를 사용하는 엘큐에이아이 이티에프는 인공지능이 생성한 월간 보유 보고서를 발간, 특정 기업과 섹터를 선호하고 다른 섹터는 매도하는 결정에 대한 설명을 담았다. 인공지능이 생성한 보유 보고서는 "엘큐에이아이의 포트폴리오 매니저로서 저는 구글의 알파벳 같은 탄력적이고 기술적으로 앞서가는 기업에 대한 투자를 늘린 반면, 전통적인 미디어에 어려움을 겪고 있는 기업에 대한 노출은 약간 줄였다. 이는 재무적 차이 속에서 성장 기회를 활용하려는 신중하면서도 낙관적인 접근 방식을 반영한 것"이라고 설명한다.[9]

인공지능이 금융에 미치는 영향은 개인화, 자동화, 리스크 관리의 세 가지로 나눠볼 수 있다.

첫째, 인공지능은 사용자의 금융 데이터를 분석, 개인 맞춤형 금융 서비스를 추천한다. 개인의 소비패턴을 분석해 최적의 예산 계획을 제안하거나, 적절한 투자 상품을 골라 줄 수 있다.

둘째, 인공지능은 사기 탐지와 리스크 관리를 용이하게 해 준다. 인공지능은 방대한 데이터를 실시간으로 분석해 사기 거래를 빠르게 감지한다. 금융 리스크는 더 효과적으로 관리할 수 있다. 이에 따라 금융기관은 손실을 줄이고, 고객의 자산을 더 안전

8   https://www.ft.com/content/bb4004e2-05bb-4d2e-836d-44581bd22fd3
9   https://www.ft.com/content/3d82ea9f-f040-47aa-9b9d-0be9decdbb14

하게 지킬 수 있게 된다.

셋째, 인공지능은 자동화된 투자가 가능하게 해 준다. 로보어드바이저는 인공지능을 사용해 투자 포트폴리오를 관리한다. 개인 투자자들이 전문가의 도움 없이도 효과적으로 투자할 수 있게 도와준다. 한국 퇴직연금 시장에도 2024년 말 인공지능 로보어드바이저를 통한 투자일임 서비스가 혁신 금융 서비스의 일환으로 규제 샌드박스로 지정돼, 퇴직연금 수익률 제고가 가능할 것으로 기대된다.

인공지능 로보어드바이저는 미리 정한 수익 목표에 따라 포트폴리오 조정과 매수·매도 시점 등도 결정해 준다. 이 로보어드바이저는 과거 시장의 데이터 패턴을 익히는 머신러닝과 통계적 예측 기법을 통해 퇴직연금 같은 장기 투자에는 수익을 낼 가능성이 크다고 업계는 보고 있다. 한국 증권사 중에는 엔에이치[NH]투자증권을 비롯, 미래에셋·케이비[KB]·교보·삼성·한투증권 등이, 자산운용사 중에는 한투신탁운용·미래에셋자산운용이 인공지능 퇴직연금 판매를 준비 중이다.

생성형 AI로 은행, 생명과학, 하이테크 분야가 가장 큰 수혜

챗지피티는 "내가 학원에 가면"이라고만 창에 입력하면 이 문장 다음에 수업, 강사, 교재 등을 나열해 준다. 이어, 학원에 가면 경험할 수 있는 것들이 여러 개 나온다. 이는 생성형 인공지능이 예측 순서 또는 확률을 기반으로 문장을 작성하기 위해 가능성이 높은 순서대로 단어를 사용하기 때문이다. 생성 중인 문장에서 다음에 사용하기에 가장 적합할 것 같은 확률로 이후 문장을 제시하는 것이다.[10]

문장과 마찬가지로, 생성형 인공지능은 콘텐츠도 자동완성을 통해 창조할 수 있다. 학습된 데이터에 따라 텍스트 설명으로부터 이미지, 비디오 그리고 오디오를 창작한다. 이미지 생성의 경우, 텍스트 설명이 제공되면 가장 관련성이 높은 이미지를 예측한다. 이러한 이미지는 생각했던 것보다 훨씬 더 사실적이다. 심지어 삼차원 원근감, 그리고 그림자까지 보여준다. 오디오와 음악 분야에서는 아티스트들이 참여하지 않고도 새로운 작품을 만들 수 있다.[11] 생성형 인공지능은 사용법과 정교함 측면에서 빠

---

10 https://www.economist.com/interactive/science-and-technology/2023/04/22/large-creative-ai-models-will-transform-how-we-live-and-work

11 https://openai.com/index/sora

르게 발전 중이다. 지난 2023년 말 미국 내에서 인터넷 사용자의 25%인 약 8,000만 명이 적어도 매달 생성형 인공지능을 사용했다고 추정했다. 이는 2022년 말의 8%에서 크게 증가한 수치이며, 이 비율은 2024년에는 33%로 늘어날 것으로 예상된다.

사람들 대부분이 사무실에서 인공지능을 써 볼 것이라고 한다. 다른 신기술들과 달리, 12~17세보다 55~64세 사용자가 더 많은데, 이는 직장에서의 사용이 집중되어 있기 때문이다.[12] 2025년까지는 미국에서 1억 1,700만 명의 사용자가 예상된다. 미국뿐 아니라 전 세계적으로 인공지능은 인기를 끌고 있다. 인도에서는 63%가 인공지능을 사용하고 있다. 싱가포르에서는 49%, 독일에서는 46%, 호주에서는 35%, 프랑스와 영국에서는 31%, 일본에서 15%가 인공지능을 사용하고 있다.[13]

생성형 인공지능은 경제적 파급 효과도 매우 거대하다. 골드만삭스는 인공지능으로 "10년간 세계의 국내총생산이 추가로 7% 증가할 것"이라고 본다.[14] 미국·유럽에서 업무의 4분의 1은 인공지능으로 자동화되고 있다. 행정·법률 업무 가운데 40% 이상은 사람이 아닌 생성형 인공지능이 처리할 것으로 예상된다.

---

12 https://www.emarketer.com/content/chatgpt-generative-ai
13 https://www.forbes.com/sites/tracybrower/2023/07/09/ai-will-change-your-work-significantly-heres-how-to-respond
14 https://www.goldmansachs.com/intelligence/pages/generative-ai-could-raise-global-gdp-by-7-percent.html

컨설팅업체인 맥킨지는 "세계 경제가 인공지능으로 매년 영국 전체의 국내총생산 규모보다 더 성장할 것"이라고 발표했다.[15] 산업별로는 은행, 생명과학, 하이테크 분야가 가장 큰 수혜를 누릴 것으로 예상된다. 기업에서는 마케팅과 영업은 물론, 고객 경험 등도 모두 심대한 영향을 받을 것으로 전망한다.

대중에게 공개된 이후, 생성형 인공지능 모델들은 이해력, 자연어 재현, 그리고 정확도가 모두 나아졌다. 생성형 인공지능으로 인해 사람들은 기술에 정통할 필요가 없어졌다. 사람이 인공지능에 익숙해지는 대신, 인공지능이 사람에 능숙해졌다. 인공지능이 인간을 잘 알고 자연스럽게 소통할 수 있기에, 더 쉽게 접근할 수 있게 된 것이다. 자연어를 사용하는 인공지능은 창의적인 작업에 특히 적합하다. 텍스트, 오디오, 비디오, 음악, 코드, 이미지 그리고 디자인을 제작하는 데 유용하다. 기업의 지식 공유, 소통, 채용 등은 생성형 인공지능을 통해 개선, 효율화할 수 있다. 기업이 경쟁우위를 유지하는 방법은 방대한 양의 독점적 데이터로 학습시킨 특화된 사내 도구를 개발하는 것으로 금융 등 데이터가 풍부한 산업들에 더욱 유용하다.

현재까지 생성형 인공지능의 응용은 다음 네 가지 분야에서 두드러진다.[16]

---

15 https://www.mckinsey.com/capabilities/mckinsey-digital/our-insights/the-economic-potential-of-generative-ai-the-next-productivity-frontier

첫째, 브레인스토밍

생성형 인공지능은 제한된 입력에 기반해 수많은 제안을 만들어 낼 수 있다. 대략적인 아이디어 초안을 입력한 다음 버튼을 계속 누르기만 하면 된다. 챗지피티에 "시장 점유율을 높이는 방법을 알려 달라"고 하면 1) 제품 혁신 및 품질 향상, 2) 효과적인 마케팅 및 브랜딩, 3) 가격 전략, 4) 고객 서비스 향상, 5) 유통채널 확대, 6) 시장 세분화 및 타기팅, 7) 경쟁 분석 및 대응, 8) 디지털 전략 강화 등을 제시해 준다. 이어 6)의 경쟁 분석 및 대응에 대해 자세히 알려달라고 하면 다시, ① 경쟁사 파악, ② 데이터 수집, ③ 경쟁사 분석 ④ 경쟁사의 전략 및 성과 분석 등을 나열해 준다. 여러 분야의 아이디어와 기술을 결합해 상상력을 비약적으로 발전시킬 수 있는 과학 분야에서 특히 생성형 인공지능은 새로운 인사이트를 제공할 가능성이 크다.

둘째, 소프트웨어 작성

인공지능은 자연어를 프롬프트로 "이런 기능을 하는 소프트웨어가 필요해"를 기반으로 코드의 초안을 작성하거나, 현재 소프트웨어의 버그를 찾아 편집하고 도움을 줄 수 있다. 또한 프로그램을 실행하고 테스트해서 의도한 결과를 달성하는지 확인하거

16 https://www.ft.com/content/647fdf88-d757-45e4-a640-9654673b7ece

나 코드를 최적화하는 것도 가능하다. 현재로서는 짧고 일상적인 프로그램을 작성하는 데 특히 유용하다.

셋째, 법률적 도움

인공지능은 계약서부터 판례까지 다양한 문서를 빠르게 분석하고 압축할 수 있다. 따라서 법률 검토, 계약서 초안 작성, 표준화 및 합리화, 실사 수행, 초안 작성 및 규정 준수에 유용하다. 로펌이 아닌 기업도 생성형 인공지능을 사용해 제안 요청을 만들고, 어떤 계약과 서비스가 가장 많은 수익을 창출하는지 분석할 수 있게 됐다.

넷째, 재무 분석

인공지능은 금융에 특히 유용하다. 생성형 인공지능은 이미 재무 분석에 활용되고 있다. 경쟁사의 수익 보고서와 관련자 인터뷰, 경쟁사의 서류 등으로 많은 정보를 파악할 수 있다. 펀드매니저의 투자 결정·리서치 등에도 사용이 가능하고, 문서에서 정보를 추출하고 요약해 장부를 작성하는 데도 도움을 줄 수도 있다. 그러나 인공지능이 추론할 수는 없다. '자동완성'이라는 특성으로 인해 사용자들은 그 사실성을 확신할 수 없다. 생성형 인공지능은 자동완성 기능을 통해 만들어지는 통계적 존재이지 데이터베이스는 아니다.

05

AI 딥페이크로
음성 통한 본인 확인은
이제 무용지물

2024년 한국 배우 송혜교가 소셜 미디어에 어린이 자선사업에 쓰인다는 공모주 프로젝트를 기념하는 영상 메시지를 보내왔다. 뒤이어 배우 조인성의 축하 영상 메시지가 올라왔다. 그러나 이들의 얼굴과 목소리는 모두 조작된 것으로 딥페이크^{deepfake}(딥러닝^{Deep Learning}과 Fake의 합성어로, 딥러닝 기술을 사용하는 인간 이미지 합성 기술)가 투자 사기에 악용된 된 사례다. 코미디언 황현희, 금융인 존리 등도 딥페이크에 의한 투자 사기에 동원됐다. 세계적인 미국 팝스타 테일러 스위프트^{Taylor Swift} 역시 인공지능으로 조작된 소셜 미디어 광고에 이용당했다. "테일러 스위프트다. 포장 불량으로 못 팔게 된 르쿠르제^{Le Creuset} 쿠킹웨어 세트 3,000개를 팬 여러분께 무료로 드리려 한다. 광고 링크를 누르고 질문에 답해 달

PART 5 AI 산업의 금융 융합

277

라"고 가짜 목소리를 낸 것이다. 이 링크를 클릭하니, 바로 사기 사이트로 연결됐다.

인공지능의 발달로 딥페이크 기술에 따른 음성 복제가 가능해지고 있다. 음성 복제 기술이 초래할 수 있는 위험성에 대해 비자, 마스터카드 등 결제 업체들은 물론 은행, 테크 기업들까지 대응에 고심을 거듭하고 있다.[1] 2023년부터 인공지능에 대한 대부분의 관심은 텍스트를 생성하는 챗지피티 같은 소위 대규모 언어 모델에 집중돼 있었다. 하지만 음성 복제의 영향력 또한 이 못지않게 막대하다. 간단한 음성 샘플을 사용해 인공지능 모델을 학습시키면, 주어진 텍스트를 해당 인물처럼 똑같이 말할 수 있게 된다. 마이크에 대고 말하거나 프롬프트에 키보드로 입력하기만 하면, 표적의 음성으로 매우 빠르게 바꿀 수 있다. 생성형 인공지능 시스템인 마이크로소프트의 밸리VALL-E는 단 '3초'의 샘플링된 오디오만 있으면, 사용자가 원하는 대로 말하는 음성 딥페이크를 만들 수 있다.[2]

애플은 2023년 12월부터 아이폰 운영 체제인 아이오에스iOS 17 등에 이 기능을 포함해 왔다. 이 기능은 약 15분간 제시되는 텍스트를 읽으면, 개인 음성 기능이 그 오디오를 포착해 이용자의 목

1   https://www.ft.com/content/beea7f8a-2fa9-4b63-a542-88be231b0266
2   https://www.nytimes.com/2023/08/30/business/voice-deepfakes-bank-scams.
     html?searchResultPosition=1

소리와 유사한 소리를 만들어 준다. 애플은 루게릭병 같은 퇴행성 질환으로 목소리를 잃을 위험에 처한 사람들을 돕는다고 말했다. 인공지능 스타트업인 일레븐랩스^{ElevenLabs3}는 사용자가 몇 분 안에 자신만의 음성 복제를 만들 수 있는데, 놀라울 정도로 똑같다.

지난 몇 년 동안 고객들은 은행이나 다른 회사에 전화로 본인 확인을 할 때, 음성으로 신원을 확인할 수 있었다. 아무리 뛰어난 모창 능력자라도 음성판독 시스템을 속일 수는 없었다. 그러나 음성 복제의 출현으로 상황은 완전히 바뀌었다. 특히 취약해진 곳은 은행이고, 가장 큰 잠재 피해자는 신용카드 콜센터다. 고객의 은행 잔고를 노리는 음성 딥페이크가 등장하고 있다. 인공지능 도구는 사기꾼들에게 사람들을 속여 돈을 보내도록 하는 강력한 무기를 제공하게 됐다. 미국 10대 대출기관 중 8곳의 자동 음성 확인 시스템을 운영 중인 핀드롭^{Pindrop4}은 2023년까지 10년 동안 금융회사가 운영하는 콜센터로 걸려 온 50억 건 이상의 통화 기록을 분석했다. 이들 콜센터는 은행 계좌, 신용카드 그리고 대형 은행에서 제공하는 기타 서비스와 같은 상품을 담당하고 있다. 모든 콜센터는 일반적으로 연간 1,000건에서 1만 건에 이르는 사기범의 전화를 받는다. 사기범들로부터 매주 20건의 전

3   https://elevenlabs.io
4   https://www.pindrop.com

화가 걸려 오는 것이 일반적이라고 한다. 핀드롭이 발견한 가짜 음성 공격의 대부분은 신용카드 서비스 콜센터로 들어왔다.

이 때문에, 2024년 열린 국제전자제품박람회[CES]에서는 인공지능의 부작용을 막기 위한 인공지능 기술이 크게 주목받았다. 글로벌 정보기술[IT] 업체들이 음성 조작을 방지하는 기술을 잇달아 내놨다. 보안 소프트웨어 업체 맥아피[McAfee]는 인공지능이 만든 가짜 음성을 판독하는 인공지능 기술을 발표했다. 말하는 사람의 행동과 상황의 맥락, 음역과 사용된 언어 범주 등을 분석해 음성의 진위를 판단하고 결과를 그래프로 보여주는 내용이었다. 진짜 목소리에 가까울수록 0, 가짜 음성으로 판단될수록 1에 가깝게 나타났다.[5]

인텔[Intel]은 앞서 2023년 딥페이크 기술을 공개, 영상 인물의 혈류량과 눈의 움직임 등을 감지해 진위를 잡아낼 수 있게 했다. 말할 때는 혈류의 변화가 생기는데, 딥페이크는 혈류 변화가 없다는 것이다. 마이크로소프트는 사람의 턱 등 경계선에서 흐릿함의 정도와 명도 등을 통해 영상의 진위를 점수로 판단하는 기술을 내놨다.[6] 구글의 인공지능 개발조직 딥마인드는 인공지능으

5   https://www.mcafee.com/ko-kr/consumer-corporate/newsroom/press-releases/press-release.html?news_id=509b05a3-65e9-46d4-9f17-2dbc606e111a&wcmmode=disabled&41334d97_page=2&ff6630fa_page=11
6   https://www.forbes.com/sites/tonybradley/2024/05/05/ai-vs-ai-mcafee-and-intels-innovative-approach-to-stop-deepfakes

로 생성된 이미지에 육안으로 식별할 수 없는 워터마크를 삽입
하여 가짜임을 알려주는 기술을 발표했다.[7]

금융기관은 AI로 AI와 맞서 싸운다

　금융 범죄자들은 실제 고객이나 임원의 이미지와 동영상을 생
성형 인공지능에 학습시켜 오디오와 비디오 클립을 제작하고 있
다. 최근에는 생성형 인공지능을 이용해 사기범들은 사기성 신
규 중개 계좌를 개설하거나, 고객의 기존 계좌를 인수하기 위해
합성 신분증까지 만들어내고 있다. 생성형 인공지능이 만든 가
짜 신분증이 위조된다. 사기범들은 여기에 이 신분증을 소지한
사람들의 이미지를 다시 생성형 인공지능으로 조작하고 있다.
딜로이트Deloitte의 금융 서비스 센터는 2024년 보고서에서 생성형
인공지능의 영향으로 인해 미국의 금융 서비스 산업 사기 손실
이 2023년 123억 달러(약 17조 8,473억원)에서 2027년 400억 달러
(약 58조 400억원)로 증가할 수 있다고 예측했다.[8] 주지하다시피,
은행과 금융 서비스 회사들은 해커의 주요 표적이 돼 왔다. 금융

7　https://deepmind.google/technologies/synthid
8　https://www.wsj.com/articles/genai-increasingly-powering-scams-wall-street-watchdog-warns-a6592d54?mod=regulation_news_article_pos1

자산과 방대한 고객 데이터베이스로 인해 금융사들은 수십 년간 사이버 공격과 씨름해야 했다.

생성형 인공지능의 발전으로, 금융기관의 방어는 더욱 어려워졌다. 신원확인 플랫폼 썸섭Sumsub[9]의 보고서에 따르면, 2023년 금융기술 분야의 '딥페이크' 사고 건수는 전년 대비 무려 700%나 증가했다.[10] 범죄 조직은 멀웨어(악성 소프트웨어)를 유포하기 위해 생성형 인공지능 기술을 사용하기도 한다.

금융 서비스 기업들은 이에 대응한 사이버 방어에 인공지능을 도입하고 있다. 인공지능 기술은 사이버 보안을 개선하고 사기를 줄이려는 금융기관에 새로운 위험과 기회를 동시에 제시하고 있다. 은행들은 10여 년 전부터 머신러닝 같은 다양한 유형의 인공지능 기술을 도입해 왔다. 거래의 패턴을 파악하고 이상 징후를 표시함으로써 사기를 탐지해 온 것이다. 금융회사들은 기술에 정통한 사이버 범죄자들에 대응하기 위해 인공지능을 더 많이 활용하고, 인공지능 보안 위협에 대한 더 많은 정보를 공유하려 한다.

2024년 2월, 마스터카드는 은행이 사기를 더 잘 감지하는 데 도움이 될 수 있는 자체 생성형 인공지능 소프트웨어를 선보였다. 마스터카드 네트워크에서 거래를 분석하는 이 소프트웨어는 1조 개의 데이터 포인트를 스캔해 거래가 진짜인지를 예측할 수

---

9   https://sumsub.com
10   https://www.ft.com/content/7cea944c-2863-43c7-ae9f-c28c76f2f7b7

있다. 마스터카드는 이 기술을 통해 은행의 사기 탐지율을 평균 20%, 경우에 따라 300%까지 높일 수 있다.[11] 마스터카드에 따르면 인공지능으로 강화된 거래 모니터링은 또 다른 큰 이점인 '오탐지'를 85% 이상 감소시킬 수 있다. 오탐지란 은행이 합법적인 거래를 사기 거래로 잘못 신고하는 경우를 말한다.

영국에서는 은행과 통신사 그리고 테크 기업들이 사기 사건 대응을 위한 '스톱 스캠스Stop Scams'를 결성해 활동하고 있다. 2023년 6월부터 시범사업을 시작한 이 조직은 브리티시 텔레콤BT, 쓰리Three 등 통신사들, 그리고 영국 4대 은행과 티에스비TSB, 스탈링Starling, 몬조Monzo 등 챌린저 뱅크가 참여했다. 여기에 메타·구글·마이크로소프트 등 빅테크기업도 가입한 상태이다. '스톱 스캠스'는 "사기꾼 몰래, 그들로부터 얻은 사기꾼들의 정보로, 그들의 사기 도구를 차단하겠다"라는 것이 모토다. 사기꾼들에게 계좌를 빌려줘 범죄 수익의 이체를 도와주고 수수료를 챙기는 '자금 운반책'을 집중 단속하고 있다.

영국의 잉글랜드와 웨일즈에서는 전체 사건의 41%가 사기 관련이다.[12] 개인보다는 주로 갱단의 소행이다. 그러나 신고 비율은 기업 사기의 경우 3분의 1 미만에 불과하다. 무엇보다 온라인

11 https://www.cnbc.com/2024/02/01/mastercard-launches-gpt-like-ai-model-to-help-banks-detect-fraud.html
12 https://www.ft.com/content/68a13465-3d4e-4ae9-a2ef-7bf23f88761c

사기에 대한 정부 대책이 미흡하기 때문에 이에 대응하려는 기업들이 '스톱 스캠스'를 조직한 것이다. 기업들과 범죄 전문가들은 정부에 대해 더 엄격한 접근과 더 많은 치안 재원, 그리고 단일 대응 기관 설립을 요구하고 있다. 영국 내무부는 '스톱 스캠스'를 환영하며, 2025년까지 국제 사기 예방 전문가 400명을 배치하겠다고 밝혔다. 여기에 영국 정보기관까지 사기 예방에 나섰다. 정부가 연간 70억 파운드(약 12조 4,709억 9,000만 원)에 달하는 금융 사기를 억제하려고 노력함에 따라, 안보 기관들에 의한 단속이 이루어지고 있다. 영국은 이제 사기를 테러나 조직범죄 등 다른 국가 안보 위협과 동일하게 취급하려 하고 있다.